RAISE YOUR FREQUENCY
Through
NUMBER MESSAGES
JOURNAL

Record 365 Days of Number Sequences and Synchronicities from Animals, Nature, and the Universe

I0081294

MELISSA ALVAREZ

Published by

Adrema Press

Raise Your Frequency Through Number Messages Journal: Record 365 Days of Number Sequences and Synchronicities from Animals, Nature, and the Universe© 2023 by Melissa Alvarez. All rights reserved. No part of this book may be used or reproduced in any manner whatsoever, including Internet usage, except in the case of brief quotations embodied in critical articles and reviews.

Published by Adrema Press 2023

ISBN: 978-1-59611-150-9

Cover Design by Melissa Alvarez at https://BookCovers.us
Interior Book Design by Melissa Alvarez

OTHER BOOKS BY MELISSA ALVAREZ

365 Ways to Raise Your Frequency
365 Days to Raise Your Frequency Journal
Llewellyn's Little Book of Spirit Animals
Earth Frequency
Your Psychic Self
My Psychic Journal
Raise Your Frequency Through Number Messages
Animal Frequency®
Animal Frequency® Journal
Animal Frequency® Oracle Cards
The Spirituality of Coziness
The Spirituality of Coziness Journal
Believe and Receive
Believe and Receive Journal
Believe and Receive Mini Meditation Cards
Simply Give Thanks
Simply Give Thanks Gratitude Journal
Chakra Divination® Card & Charts Activity Book
Chakra Divination® Ultimate Balance Journal
The Essential Guide to Chakra Divination®
Chakra Divination® Card Deck
The Phoenix's Guide to Self-Renewal
Your Color Power
Analyze Your Handwriting
Ghosts, A Spirit Guide and A Past Life
Paranormal Investigative Groups Around the World

WRITING AS ARIANA DUPRE

Night Visions
Talgorian Prophecy
Talgorian Dragon
Briar Mountain
Paradise Designs
Paranormal Adventures

And many more...
Please visit http://MelissaA.com for the complete booklist.

About the Author

Melissa Alvarez is a bestselling author, editor, and book cover designer who has written thirty-five books, novels, short stories, and mind/body/spirit nonfiction titles as well as nearly 500 articles on self-help, spirituality, and wellness. As a professional intuitive coach, energy worker, spiritual advisor, medium, and animal communicator with over 35 years of experience, Melissa has helped thousands of people bring clarity, joy, and balance into their lives. Melissa teaches others how to connect with their own intuitive nature and how to work with frequency for spiritual growth. She has appeared on number radio shows as both a guest and host. Melissa is the author of *365 Ways to Raise Your Frequency*, *Your Psychic Self*, *Animal Frequency*, *Earth Frequency*, *Llewellyn's Little Book of Spirit Animals*, *The Spirituality of Coziness*, *Simply Give Thanks* and many other titles. Her books with Llewellyn have been translated into multiple languages worldwide including Romanian, Russian, Chinese, French, Czech and Spanish. Please visit her website for a full list of her current titles.

Find Melissa Online at:
https://MelissaA.com
https://www.facebook.com/melissaalvarezauthor (main profile)
https://www.facebook.com/IamMelissaAlvarez (author page)

Other websites:
https://BookCovers.us
https://ThornRidge.com Online retail store
http://TopHatFriesians.com Barock Pinto & Friesian horses

The *Raise Your Frequency Through Number Messages Journal* is a companion to my book, *Raise Your Frequency Through Number Messages: Awaken to the Meaning of Number Sequences and Synchronicities from Animals, Nature, and the Universe*. In the *Raise Your Frequency Through Number Messages Journal*, you can record your experiences with repetitive numbers, animals, nature, and Universal signs. Please refer to *Raise Your Frequency Through Number Messages: Awaken to the Meaning of Number Sequences and Synchronicities from Animals, Nature, and the Universe* and the detailed information that it contains. It is available at all online retailers.

Date: _____

Today's Number(s): _____

Animal Messenger: _____

Nature Messenger: _____

Universal Messenger: _____

The Message(s) I received: _____

_____
_____
_____
_____
_____
_____
_____
_____
_____
_____
_____
_____
_____

My Experience, Thoughts & Feelings: _____

_____
_____
_____
_____
_____
_____
_____
_____
_____
_____
_____
_____
_____
_____
_____

Date: _____

Today's Number(s): _____

Animal Messenger: _____

Nature Messenger: _____

Universal Messenger: _____

The Message(s) I received: _____

_____

_____

_____

_____

_____

_____

_____

_____

_____

_____

_____

_____

My Experience, Thoughts & Feelings: _____

_____

_____

_____

_____

_____

_____

_____

_____

_____

_____

_____

_____

_____

Date: _____

Today's Number(s): _____

Animal Messenger: _____

Nature Messenger: _____

Universal Messenger: _____

The Message(s) I received: _____
_____
_____
_____
_____
_____
_____
_____
_____
_____
_____
_____
_____
_____
_____

My Experience, Thoughts & Feelings: _____
_____
_____
_____
_____
_____
_____
_____
_____
_____
_____
_____
_____
_____
_____

Date: _____

Today's Number(s): _____

Animal Messenger: _____

Nature Messenger: _____

Universal Messenger: _____

The Message(s) I received: _____

_____
_____
_____
_____
_____
_____
_____
_____
_____
_____
_____
_____

My Experience, Thoughts & Feelings: _____

_____
_____
_____
_____
_____
_____
_____
_____
_____
_____
_____
_____
_____
_____

Date: _____

Today's Number(s): _____

Animal Messenger: _____

Nature Messenger: _____

Universal Messenger: _____

The Message(s) I received: _____
_____
_____
_____
_____
_____
_____
_____
_____
_____
_____
_____
_____

My Experience, Thoughts & Feelings: _____
_____
_____
_____
_____
_____
_____
_____
_____
_____
_____
_____
_____
_____
_____
_____

Date: _____

Today's Number(s): _____

Animal Messenger: _____

Nature Messenger: _____

Universal Messenger: _____

The Message(s) I received: _____

_____

_____

_____

_____

_____

_____

_____

_____

_____

_____

_____

_____

My Experience, Thoughts & Feelings: _____

_____

_____

_____

_____

_____

_____

_____

_____

_____

_____

_____

_____

_____

Date: _____

Today's Number(s): _____

Animal Messenger: _____

Nature Messenger: _____

Universal Messenger: _____

The Message(s) I received: _____

_____
_____
_____
_____
_____
_____
_____
_____
_____
_____
_____
_____
_____
_____

My Experience, Thoughts & Feelings: _____

_____
_____
_____
_____
_____
_____
_____
_____
_____
_____
_____
_____
_____
_____
_____
_____
_____

Date: _____

Today's Number(s): _____

Animal Messenger: _____

Nature Messenger: _____

Universal Messenger: _____

The Message(s) I received: _____

_____
_____
_____
_____
_____
_____
_____
_____
_____
_____
_____
_____
_____

My Experience, Thoughts & Feelings: _____

_____
_____
_____
_____
_____
_____
_____
_____
_____
_____
_____
_____
_____
_____
_____

Date: _____

Today's Number(s): _____

Animal Messenger: _____

Nature Messenger: _____

Universal Messenger: _____

The Message(s) I received: _____
_____
_____
_____
_____
_____
_____
_____
_____
_____
_____
_____
_____

My Experience, Thoughts & Feelings: _____
_____
_____
_____
_____
_____
_____
_____
_____
_____
_____
_____
_____
_____

Date: _____

Today's Number(s): _____

Animal Messenger: _____

Nature Messenger: _____

Universal Messenger: _____

The Message(s) I received: _____

_____
_____
_____
_____
_____
_____
_____
_____
_____
_____
_____
_____
_____

My Experience, Thoughts & Feelings: _____

_____
_____
_____
_____
_____
_____
_____
_____
_____
_____
_____
_____
_____
_____

Date: _____

Today's Number(s): _____

Animal Messenger: _____

Nature Messenger: _____

Universal Messenger: _____

The Message(s) I received: _____
_____
_____
_____
_____
_____
_____
_____
_____
_____
_____
_____
_____
_____
_____

My Experience, Thoughts & Feelings: _____
_____
_____
_____
_____
_____
_____
_____
_____
_____
_____
_____
_____
_____
_____
_____

Date: _____

Today's Number(s): _____

Animal Messenger: _____

Nature Messenger: _____

Universal Messenger: _____

The Message(s) I received: _____

_____

_____

_____

_____

_____

_____

_____

_____

_____

_____

_____

_____

My Experience, Thoughts & Feelings: _____

_____

_____

_____

_____

_____

_____

_____

_____

_____

_____

_____

_____

_____

_____

Date: _____

Today's Number(s): _____

Animal Messenger: _____

Nature Messenger: _____

Universal Messenger: _____

The Message(s) I received: _____
_____
_____
_____
_____
_____
_____
_____
_____
_____
_____
_____
_____
_____

My Experience, Thoughts & Feelings: _____
_____
_____
_____
_____
_____
_____
_____
_____
_____
_____
_____
_____
_____
_____
_____

Date: _____

Today's Number(s): _____

Animal Messenger: _____

Nature Messenger: _____

Universal Messenger: _____

The Message(s) I received: _____

_____
_____
_____
_____
_____
_____
_____
_____
_____
_____
_____
_____
_____

My Experience, Thoughts & Feelings: _____

_____
_____
_____
_____
_____
_____
_____
_____
_____
_____
_____
_____
_____
_____

Date: _____

Today's Number(s): _____

Animal Messenger: _____

Nature Messenger: _____

Universal Messenger: _____

The Message(s) I received: _____
_____
_____
_____
_____
_____
_____
_____
_____
_____
_____
_____
_____
_____
_____

My Experience, Thoughts & Feelings: _____
_____
_____
_____
_____
_____
_____
_____
_____
_____
_____
_____
_____
_____
_____
_____
_____

Date: _____

Today's Number(s): _____

Animal Messenger: _____

Nature Messenger: _____

Universal Messenger: _____

The Message(s) I received: _____

_____
_____
_____
_____
_____
_____
_____
_____
_____
_____
_____
_____

My Experience, Thoughts & Feelings: _____

_____
_____
_____
_____
_____
_____
_____
_____
_____
_____
_____
_____
_____
_____

Date: _____

Today's Number(s): _____

Animal Messenger: _____

Nature Messenger: _____

Universal Messenger: _____

The Message(s) I received: _____
_____
_____
_____
_____
_____
_____
_____
_____
_____
_____
_____
_____
_____

My Experience, Thoughts & Feelings: _____
_____
_____
_____
_____
_____
_____
_____
_____
_____
_____
_____
_____
_____
_____
_____

Date: _____

Today's Number(s): _____

Animal Messenger: _____

Nature Messenger: _____

Universal Messenger: _____

The Message(s) I received: _____

_____

_____

_____

_____

_____

_____

_____

_____

_____

_____

_____

My Experience, Thoughts & Feelings: _____

_____

_____

_____

_____

_____

_____

_____

_____

_____

_____

_____

_____

_____

_____

Date: _____

Today's Number(s): _____

Animal Messenger: _____

Nature Messenger: _____

Universal Messenger: _____

The Message(s) I received: _____
_____
_____
_____
_____
_____
_____
_____
_____
_____
_____
_____
_____
_____
_____

My Experience, Thoughts & Feelings: _____
_____
_____
_____
_____
_____
_____
_____
_____
_____
_____
_____
_____
_____
_____
_____
_____

Date: _____

Today's Number(s): _____

Animal Messenger: _____

Nature Messenger: _____

Universal Messenger: _____

The Message(s) I received: _____
_____
_____
_____
_____
_____
_____
_____
_____
_____
_____
_____
_____

My Experience, Thoughts & Feelings: _____
_____
_____
_____
_____
_____
_____
_____
_____
_____
_____
_____
_____
_____
_____

Date: _____

Today's Number(s): _____

Animal Messenger: _____

Nature Messenger: _____

Universal Messenger: _____

The Message(s) I received: _____
_____
_____
_____
_____
_____
_____
_____
_____
_____
_____
_____
_____
_____

My Experience, Thoughts & Feelings: _____
_____
_____
_____
_____
_____
_____
_____
_____
_____
_____
_____
_____
_____
_____

Date: _____

Today's Number(s): _____

Animal Messenger: _____

Nature Messenger: _____

Universal Messenger: _____

The Message(s) I received: _____

_____
_____
_____
_____
_____
_____
_____
_____
_____
_____
_____
_____
_____

My Experience, Thoughts & Feelings: _____

_____
_____
_____
_____
_____
_____
_____
_____
_____
_____
_____
_____
_____
_____

Date: _____

Today's Number(s): _____

Animal Messenger: _____

Nature Messenger: _____

Universal Messenger: _____

The Message(s) I received: _____
_____
_____
_____
_____
_____
_____
_____
_____
_____
_____
_____
_____
_____

My Experience, Thoughts & Feelings: _____
_____
_____
_____
_____
_____
_____
_____
_____
_____
_____
_____
_____
_____
_____

Date: _____

Today's Number(s): _____

Animal Messenger: _____

Nature Messenger: _____

Universal Messenger: _____

The Message(s) I received: _____
_____
_____
_____
_____
_____
_____
_____
_____
_____
_____
_____
_____
_____

My Experience, Thoughts & Feelings: _____
_____
_____
_____
_____
_____
_____
_____
_____
_____
_____
_____
_____
_____
_____

Date: _____

Today's Number(s): _____

Animal Messenger: _____

Nature Messenger: _____

Universal Messenger: _____

The Message(s) I received: _____
_____
_____
_____
_____
_____
_____
_____
_____
_____
_____
_____
_____
_____
_____

My Experience, Thoughts & Feelings: _____
_____
_____
_____
_____
_____
_____
_____
_____
_____
_____
_____
_____
_____
_____

Date: _____

Today's Number(s): _____

Animal Messenger: _____

Nature Messenger: _____

Universal Messenger: _____

The Message(s) I received: _____

_____
_____
_____
_____
_____
_____
_____
_____
_____
_____
_____
_____
_____

My Experience, Thoughts & Feelings: _____

_____
_____
_____
_____
_____
_____
_____
_____
_____
_____
_____
_____
_____
_____
_____

Date: _____

Today's Number(s): _____

Animal Messenger: _____

Nature Messenger: _____

Universal Messenger: _____

The Message(s) I received: _____
_____
_____
_____
_____
_____
_____
_____
_____
_____
_____
_____
_____
_____

My Experience, Thoughts & Feelings: _____
_____
_____
_____
_____
_____
_____
_____
_____
_____
_____
_____
_____
_____
_____
_____

Date: _____

Today's Number(s): _____

Animal Messenger: _____

Nature Messenger: _____

Universal Messenger: _____

The Message(s) I received: _____

_____
_____
_____
_____
_____
_____
_____
_____
_____
_____
_____
_____
_____
_____

My Experience, Thoughts & Feelings: _____

_____
_____
_____
_____
_____
_____
_____
_____
_____
_____
_____
_____
_____
_____
_____

Date: _____

Today's Number(s): _____

Animal Messenger: _____

Nature Messenger: _____

Universal Messenger: _____

The Message(s) I received: _____

_____

_____

_____

_____

_____

_____

_____

_____

_____

_____

_____

_____

_____

My Experience, Thoughts & Feelings: _____

_____

_____

_____

_____

_____

_____

_____

_____

_____

_____

_____

_____

_____

_____

Date: _____

Today's Number(s): _____

Animal Messenger: _____

Nature Messenger: _____

Universal Messenger: _____

The Message(s) I received: _____

_____
_____
_____
_____
_____
_____
_____
_____
_____
_____
_____
_____

My Experience, Thoughts & Feelings: _____

_____
_____
_____
_____
_____
_____
_____
_____
_____
_____
_____
_____
_____
_____

Date: _____

Today's Number(s): _____

Animal Messenger: _____

Nature Messenger: _____

Universal Messenger: _____

The Message(s) I received: _____
_____
_____
_____
_____
_____
_____
_____
_____
_____
_____
_____
_____

My Experience, Thoughts & Feelings: _____
_____
_____
_____
_____
_____
_____
_____
_____
_____
_____
_____
_____
_____
_____

Date: _____

Today's Number(s): _____

Animal Messenger: _____

Nature Messenger: _____

Universal Messenger: _____

The Message(s) I received: _____

_____
_____
_____
_____
_____
_____
_____
_____
_____
_____
_____
_____
_____

My Experience, Thoughts & Feelings: _____

_____
_____
_____
_____
_____
_____
_____
_____
_____
_____
_____
_____
_____
_____
_____

Date: _____

Today's Number(s): _____

Animal Messenger: _____

Nature Messenger: _____

Universal Messenger: _____

The Message(s) I received: _____

_____

_____

_____

_____

_____

_____

_____

_____

_____

_____

_____

_____

My Experience, Thoughts & Feelings: _____

_____

_____

_____

_____

_____

_____

_____

_____

_____

_____

_____

_____

_____

Date: _____

Today's Number(s): _____

Animal Messenger: _____

Nature Messenger: _____

Universal Messenger: _____

The Message(s) I received: _____
_____
_____
_____
_____
_____
_____
_____
_____
_____
_____
_____
_____

My Experience, Thoughts & Feelings: _____
_____
_____
_____
_____
_____
_____
_____
_____
_____
_____
_____
_____
_____

Date: _____

Today's Number(s): _____

Animal Messenger: _____

Nature Messenger: _____

Universal Messenger: _____

The Message(s) I received: _____
_____
_____
_____
_____
_____
_____
_____
_____
_____
_____
_____
_____
_____

My Experience, Thoughts & Feelings: _____
_____
_____
_____
_____
_____
_____
_____
_____
_____
_____
_____
_____
_____
_____
_____

Date: _____

Today's Number(s): _____

Animal Messenger: _____

Nature Messenger: _____

Universal Messenger: _____

The Message(s) I received: _____

_____
_____
_____
_____
_____
_____
_____
_____
_____
_____
_____
_____

My Experience, Thoughts & Feelings: _____

_____
_____
_____
_____
_____
_____
_____
_____
_____
_____
_____
_____
_____
_____

Date: _____

Today's Number(s): _____

Animal Messenger: _____

Nature Messenger: _____

Universal Messenger: _____

The Message(s) I received: _____

_____
_____
_____
_____
_____
_____
_____
_____
_____
_____
_____
_____
_____
_____

My Experience, Thoughts & Feelings: _____

_____
_____
_____
_____
_____
_____
_____
_____
_____
_____
_____
_____
_____
_____
_____
_____

Date: _____

Today's Number(s): _____

Animal Messenger: _____

Nature Messenger: _____

Universal Messenger: _____

The Message(s) I received: _____
_____
_____
_____
_____
_____
_____
_____
_____
_____
_____
_____
_____

My Experience, Thoughts & Feelings: _____
_____
_____
_____
_____
_____
_____
_____
_____
_____
_____
_____
_____
_____

Date: _____

Today's Number(s): _____

Animal Messenger: _____

Nature Messenger: _____

Universal Messenger: _____

The Message(s) I received: _____

_____
_____
_____
_____
_____
_____
_____
_____
_____
_____
_____
_____
_____
_____

My Experience, Thoughts & Feelings: _____

_____
_____
_____
_____
_____
_____
_____
_____
_____
_____
_____
_____
_____
_____
_____

Date: _____

Today's Number(s): _____

Animal Messenger: _____

Nature Messenger: _____

Universal Messenger: _____

The Message(s) I received: _____

_____
_____
_____
_____
_____
_____
_____
_____
_____
_____
_____
_____
_____

My Experience, Thoughts & Feelings: _____

_____
_____
_____
_____
_____
_____
_____
_____
_____
_____
_____
_____
_____
_____

Date: _____

Today's Number(s): _____

Animal Messenger: _____

Nature Messenger: _____

Universal Messenger: _____

The Message(s) I received: _____
_____
_____
_____
_____
_____
_____
_____
_____
_____
_____
_____
_____
_____

My Experience, Thoughts & Feelings: _____
_____
_____
_____
_____
_____
_____
_____
_____
_____
_____
_____
_____
_____

Date: _____

Today's Number(s): _____

Animal Messenger: _____

Nature Messenger: _____

Universal Messenger: _____

The Message(s) I received: _____
_____
_____
_____
_____
_____
_____
_____
_____
_____
_____
_____
_____

My Experience, Thoughts & Feelings: _____
_____
_____
_____
_____
_____
_____
_____
_____
_____
_____
_____
_____
_____

Date: _____

Today's Number(s): _____

Animal Messenger: _____

Nature Messenger: _____

Universal Messenger: _____

The Message(s) I received: _____
_____
_____
_____
_____
_____
_____
_____
_____
_____
_____
_____
_____
_____
_____

My Experience, Thoughts & Feelings: _____
_____
_____
_____
_____
_____
_____
_____
_____
_____
_____
_____
_____
_____
_____
_____
_____

Date: _____

Today's Number(s): _____

Animal Messenger: _____

Nature Messenger: _____

Universal Messenger: _____

The Message(s) I received: _____

_____
_____
_____
_____
_____
_____
_____
_____
_____
_____
_____
_____

My Experience, Thoughts & Feelings: _____

_____
_____
_____
_____
_____
_____
_____
_____
_____
_____
_____
_____
_____
_____

Date: _____

Today's Number(s): _____

Animal Messenger: _____

Nature Messenger: _____

Universal Messenger: _____

The Message(s) I received: _____

_____
_____
_____
_____
_____
_____
_____
_____
_____
_____
_____
_____
_____

My Experience, Thoughts & Feelings: _____

_____
_____
_____
_____
_____
_____
_____
_____
_____
_____
_____
_____
_____
_____
_____
_____

Date: _____

Today's Number(s): _____

Animal Messenger: _____

Nature Messenger: _____

Universal Messenger: _____

The Message(s) I received: _____
_____
_____
_____
_____
_____
_____
_____
_____
_____
_____
_____
_____

My Experience, Thoughts & Feelings: _____
_____
_____
_____
_____
_____
_____
_____
_____
_____
_____
_____
_____
_____
_____

Date: _____

Today's Number(s): _____

Animal Messenger: _____

Nature Messenger: _____

Universal Messenger: _____

The Message(s) I received: _____
_____
_____
_____
_____
_____
_____
_____
_____
_____
_____
_____
_____
_____

My Experience, Thoughts & Feelings: _____
_____
_____
_____
_____
_____
_____
_____
_____
_____
_____
_____
_____
_____
_____
_____

Date: _____

Today's Number(s): _____

Animal Messenger: _____

Nature Messenger: _____

Universal Messenger: _____

The Message(s) I received: _____

_____

_____

_____

_____

_____

_____

_____

_____

_____

_____

_____

_____

_____

My Experience, Thoughts & Feelings: _____

_____

_____

_____

_____

_____

_____

_____

_____

_____

_____

_____

_____

_____

_____

Date: _____

Today's Number(s): _____

Animal Messenger: _____

Nature Messenger: _____

Universal Messenger: _____

The Message(s) I received: _____
_____
_____
_____
_____
_____
_____
_____
_____
_____
_____
_____
_____

My Experience, Thoughts & Feelings: _____
_____
_____
_____
_____
_____
_____
_____
_____
_____
_____
_____
_____
_____
_____
_____
_____

Date: _____

Today's Number(s): _____

Animal Messenger: _____

Nature Messenger: _____

Universal Messenger: _____

The Message(s) I received: _____

_____

_____

_____

_____

_____

_____

_____

_____

_____

_____

_____

_____

_____

My Experience, Thoughts & Feelings: _____

_____

_____

_____

_____

_____

_____

_____

_____

_____

_____

_____

_____

_____

_____

_____

Date: _____

Today's Number(s): _____

Animal Messenger: _____

Nature Messenger: _____

Universal Messenger: _____

The Message(s) I received: _____

_____
_____
_____
_____
_____
_____
_____
_____
_____
_____
_____
_____
_____

My Experience, Thoughts & Feelings: _____

_____
_____
_____
_____
_____
_____
_____
_____
_____
_____
_____
_____
_____
_____

Date: _____

Today's Number(s): _____

Animal Messenger: _____

Nature Messenger: _____

Universal Messenger: _____

The Message(s) I received: _____

_____
_____
_____
_____
_____
_____
_____
_____
_____
_____
_____
_____

My Experience, Thoughts & Feelings: _____

_____
_____
_____
_____
_____
_____
_____
_____
_____
_____
_____
_____
_____

Date: _____

Today's Number(s): _____

Animal Messenger: _____

Nature Messenger: _____

Universal Messenger: _____

The Message(s) I received: _____

_____

_____

_____

_____

_____

_____

_____

_____

_____

_____

_____

_____

My Experience, Thoughts & Feelings: _____

_____

_____

_____

_____

_____

_____

_____

_____

_____

_____

_____

_____

_____

Date: _____

Today's Number(s): _____

Animal Messenger: _____

Nature Messenger: _____

Universal Messenger: _____

The Message(s) I received: _____

_____

_____

_____

_____

_____

_____

_____

_____

_____

_____

_____

_____

_____

My Experience, Thoughts & Feelings: _____

_____

_____

_____

_____

_____

_____

_____

_____

_____

_____

_____

_____

_____

_____

Date: _____

Today's Number(s): _____

Animal Messenger: _____

Nature Messenger: _____

Universal Messenger: _____

The Message(s) I received: _____

_____

_____

_____

_____

_____

_____

_____

_____

_____

_____

_____

_____

_____

My Experience, Thoughts & Feelings: _____

_____

_____

_____

_____

_____

_____

_____

_____

_____

_____

_____

_____

_____

_____

Date: _____

Today's Number(s): _____

Animal Messenger: _____

Nature Messenger: _____

Universal Messenger: _____

The Message(s) I received: _____

_____
_____
_____
_____
_____
_____
_____
_____
_____
_____
_____
_____
_____

My Experience, Thoughts & Feelings: _____

_____
_____
_____
_____
_____
_____
_____
_____
_____
_____
_____
_____
_____
_____

Date: _____

Today's Number(s): _____

Animal Messenger: _____

Nature Messenger: _____

Universal Messenger: _____

The Message(s) I received: _____
_____
_____
_____
_____
_____
_____
_____
_____
_____
_____
_____
_____

My Experience, Thoughts & Feelings: _____
_____
_____
_____
_____
_____
_____
_____
_____
_____
_____
_____
_____
_____
_____
_____

Date: _____

Today's Number(s): _____

Animal Messenger: _____

Nature Messenger: _____

Universal Messenger: _____

The Message(s) I received: _____

_____
_____
_____
_____
_____
_____
_____
_____
_____
_____
_____
_____

My Experience, Thoughts & Feelings: _____

_____
_____
_____
_____
_____
_____
_____
_____
_____
_____
_____
_____
_____
_____

Date: _____

Today's Number(s): _____

Animal Messenger: _____

Nature Messenger: _____

Universal Messenger: _____

The Message(s) I received: _____

_____

_____

_____

_____

_____

_____

_____

_____

_____

_____

_____

_____

My Experience, Thoughts & Feelings: _____

_____

_____

_____

_____

_____

_____

_____

_____

_____

_____

_____

_____

_____

_____

_____

Date: _____

Today's Number(s): _____

Animal Messenger: _____

Nature Messenger: _____

Universal Messenger: _____

The Message(s) I received: _____

_____

_____

_____

_____

_____

_____

_____

_____

_____

_____

_____

_____

My Experience, Thoughts & Feelings: _____

_____

_____

_____

_____

_____

_____

_____

_____

_____

_____

_____

_____

_____

_____

Date: _____

Today's Number(s): _____

Animal Messenger: _____

Nature Messenger: _____

Universal Messenger: _____

The Message(s) I received: _____

_____
_____
_____
_____
_____
_____
_____
_____
_____
_____
_____
_____
_____

My Experience, Thoughts & Feelings: _____

_____
_____
_____
_____
_____
_____
_____
_____
_____
_____
_____
_____
_____
_____

Date: _____

Today's Number(s): _____

Animal Messenger: _____

Nature Messenger: _____

Universal Messenger: _____

The Message(s) I received: _____

_____

_____

_____

_____

_____

_____

_____

_____

_____

_____

_____

_____

My Experience, Thoughts & Feelings: _____

_____

_____

_____

_____

_____

_____

_____

_____

_____

_____

_____

_____

_____

Date: _____

Today's Number(s): _____

Animal Messenger: _____

Nature Messenger: _____

Universal Messenger: _____

The Message(s) I received: _____

_____

_____

_____

_____

_____

_____

_____

_____

_____

_____

_____

_____

My Experience, Thoughts & Feelings: _____

_____

_____

_____

_____

_____

_____

_____

_____

_____

_____

_____

_____

_____

Date: _____

Today's Number(s): _____

Animal Messenger: _____

Nature Messenger: _____

Universal Messenger: _____

The Message(s) I received: _____
_____
_____
_____
_____
_____
_____
_____
_____
_____
_____
_____
_____
_____

My Experience, Thoughts & Feelings: _____
_____
_____
_____
_____
_____
_____
_____
_____
_____
_____
_____
_____
_____
_____
_____

Date: _____

Today's Number(s): _____

Animal Messenger: _____

Nature Messenger: _____

Universal Messenger: _____

The Message(s) I received: _____
_____
_____
_____
_____
_____
_____
_____
_____
_____
_____
_____
_____
_____

My Experience, Thoughts & Feelings: _____
_____
_____
_____
_____
_____
_____
_____
_____
_____
_____
_____
_____
_____
_____
_____

Date: _____

Today's Number(s): _____

Animal Messenger: _____

Nature Messenger: _____

Universal Messenger: _____

The Message(s) I received: _____

_____

_____

_____

_____

_____

_____

_____

_____

_____

_____

_____

_____

My Experience, Thoughts & Feelings: _____

_____

_____

_____

_____

_____

_____

_____

_____

_____

_____

_____

_____

_____

Date: _____

Today's Number(s): _____

Animal Messenger: _____

Nature Messenger: _____

Universal Messenger: _____

The Message(s) I received: _____

_____

_____

_____

_____

_____

_____

_____

_____

_____

_____

_____

_____

_____

My Experience, Thoughts & Feelings: _____

_____

_____

_____

_____

_____

_____

_____

_____

_____

_____

_____

_____

_____

_____

Date: _____

Today's Number(s): _____

Animal Messenger: _____

Nature Messenger: _____

Universal Messenger: _____

The Message(s) I received: _____

_____
_____
_____
_____
_____
_____
_____
_____
_____
_____
_____
_____
_____

My Experience, Thoughts & Feelings: _____

_____
_____
_____
_____
_____
_____
_____
_____
_____
_____
_____
_____
_____
_____
_____

Date: _____

Today's Number(s): _____

Animal Messenger: _____

Nature Messenger: _____

Universal Messenger: _____

The Message(s) I received: _____
_____
_____
_____
_____
_____
_____
_____
_____
_____
_____
_____
_____
_____

My Experience, Thoughts & Feelings: _____
_____
_____
_____
_____
_____
_____
_____
_____
_____
_____
_____
_____
_____
_____
_____
_____

Date: _____

Today's Number(s): _____

Animal Messenger: _____

Nature Messenger: _____

Universal Messenger: _____

The Message(s) I received: _____
_____
_____
_____
_____
_____
_____
_____
_____
_____
_____
_____
_____

My Experience, Thoughts & Feelings: _____
_____
_____
_____
_____
_____
_____
_____
_____
_____
_____
_____
_____
_____
_____

Date: _____

Today's Number(s): _____

Animal Messenger: _____

Nature Messenger: _____

Universal Messenger: _____

The Message(s) I received: _____

_____
_____
_____
_____
_____
_____
_____
_____
_____
_____
_____
_____

My Experience, Thoughts & Feelings: _____

_____
_____
_____
_____
_____
_____
_____
_____
_____
_____
_____
_____
_____
_____
_____

Date: _____

Today's Number(s): _____

Animal Messenger: _____

Nature Messenger: _____

Universal Messenger: _____

The Message(s) I received: _____

_____

_____

_____

_____

_____

_____

_____

_____

_____

_____

_____

_____

My Experience, Thoughts & Feelings: _____

_____

_____

_____

_____

_____

_____

_____

_____

_____

_____

_____

_____

_____

_____

Date: _____

Today's Number(s): _____

Animal Messenger: _____

Nature Messenger: _____

Universal Messenger: _____

The Message(s) I received: _____

_____

_____

_____

_____

_____

_____

_____

_____

_____

_____

_____

_____

_____

My Experience, Thoughts & Feelings: _____

_____

_____

_____

_____

_____

_____

_____

_____

_____

_____

_____

_____

_____

_____

_____

Date: _____

Today's Number(s): _____

Animal Messenger: _____

Nature Messenger: _____

Universal Messenger: _____

The Message(s) I received: _____

_____

_____

_____

_____

_____

_____

_____

_____

_____

_____

_____

_____

_____

My Experience, Thoughts & Feelings: _____

_____

_____

_____

_____

_____

_____

_____

_____

_____

_____

_____

_____

_____

_____

Date: _____

Today's Number(s): _____

Animal Messenger: _____

Nature Messenger: _____

Universal Messenger: _____

The Message(s) I received: _____

_____
_____
_____
_____
_____
_____
_____
_____
_____
_____
_____
_____

My Experience, Thoughts & Feelings: _____

_____
_____
_____
_____
_____
_____
_____
_____
_____
_____
_____
_____
_____
_____

Date: _____

Today's Number(s): _____

Animal Messenger: _____

Nature Messenger: _____

Universal Messenger: _____

The Message(s) I received: _____

_____

_____

_____

_____

_____

_____

_____

_____

_____

_____

_____

_____

_____

My Experience, Thoughts & Feelings: _____

_____

_____

_____

_____

_____

_____

_____

_____

_____

_____

_____

_____

_____

_____

Date: _____

Today's Number(s): _____

Animal Messenger: _____

Nature Messenger: _____

Universal Messenger: _____

The Message(s) I received: _____
_____
_____
_____
_____
_____
_____
_____
_____
_____
_____
_____
_____

My Experience, Thoughts & Feelings: _____
_____
_____
_____
_____
_____
_____
_____
_____
_____
_____
_____
_____
_____
_____

Date: _____

Today's Number(s): _____

Animal Messenger: _____

Nature Messenger: _____

Universal Messenger: _____

The Message(s) I received: _____

_____
_____
_____
_____
_____
_____
_____
_____
_____
_____
_____
_____

My Experience, Thoughts & Feelings: _____

_____
_____
_____
_____
_____
_____
_____
_____
_____
_____
_____
_____
_____

Date: _____

Today's Number(s): _____

Animal Messenger: _____

Nature Messenger: _____

Universal Messenger: _____

The Message(s) I received: _____

_____
_____
_____
_____
_____
_____
_____
_____
_____
_____
_____
_____
_____
_____

My Experience, Thoughts & Feelings: _____

_____
_____
_____
_____
_____
_____
_____
_____
_____
_____
_____
_____
_____
_____

Date: _____

Today's Number(s): _____

Animal Messenger: _____

Nature Messenger: _____

Universal Messenger: _____

The Message(s) I received: _____

_____
_____
_____
_____
_____
_____
_____
_____
_____
_____
_____
_____
_____

My Experience, Thoughts & Feelings: _____

_____
_____
_____
_____
_____
_____
_____
_____
_____
_____
_____
_____
_____
_____
_____

Date: _____

Today's Number(s): _____

Animal Messenger: _____

Nature Messenger: _____

Universal Messenger: _____

The Message(s) I received: _____

_____

_____

_____

_____

_____

_____

_____

_____

_____

_____

_____

_____

My Experience, Thoughts & Feelings: _____

_____

_____

_____

_____

_____

_____

_____

_____

_____

_____

_____

_____

_____

_____

Date: _____

Today's Number(s): _____

Animal Messenger: _____

Nature Messenger: _____

Universal Messenger: _____

The Message(s) I received: _____

_____

_____

_____

_____

_____

_____

_____

_____

_____

_____

_____

_____

My Experience, Thoughts & Feelings: _____

_____

_____

_____

_____

_____

_____

_____

_____

_____

_____

_____

_____

_____

_____

Date: _____

Today's Number(s): _____

Animal Messenger: _____

Nature Messenger: _____

Universal Messenger: _____

The Message(s) I received: _____
_____
_____
_____
_____
_____
_____
_____
_____
_____
_____
_____
_____

My Experience, Thoughts & Feelings: _____
_____
_____
_____
_____
_____
_____
_____
_____
_____
_____
_____
_____
_____
_____
_____

Date: _____

Today's Number(s): _____

Animal Messenger: _____

Nature Messenger: _____

Universal Messenger: _____

The Message(s) I received: _____

_____

_____

_____

_____

_____

_____

_____

_____

_____

_____

_____

_____

My Experience, Thoughts & Feelings: _____

_____

_____

_____

_____

_____

_____

_____

_____

_____

_____

_____

_____

_____

_____

Date: _____

Today's Number(s): _____

Animal Messenger: _____

Nature Messenger: _____

Universal Messenger: _____

The Message(s) I received: _____
_____
_____
_____
_____
_____
_____
_____
_____
_____
_____
_____
_____
_____

My Experience, Thoughts & Feelings: _____
_____
_____
_____
_____
_____
_____
_____
_____
_____
_____
_____
_____
_____
_____
_____

Date: _____

Today's Number(s): _____

Animal Messenger: _____

Nature Messenger: _____

Universal Messenger: _____

The Message(s) I received: _____

_____

_____

_____

_____

_____

_____

_____

_____

_____

_____

_____

_____

My Experience, Thoughts & Feelings: _____

_____

_____

_____

_____

_____

_____

_____

_____

_____

_____

_____

_____

_____

Date: _____

Today's Number(s): _____

Animal Messenger: _____

Nature Messenger: _____

Universal Messenger: _____

The Message(s) I received: _____

_____
_____
_____
_____
_____
_____
_____
_____
_____
_____
_____
_____
_____

My Experience, Thoughts & Feelings: _____

_____
_____
_____
_____
_____
_____
_____
_____
_____
_____
_____
_____
_____
_____

Date: _____

Today's Number(s): _____

Animal Messenger: _____

Nature Messenger: _____

Universal Messenger: _____

The Message(s) I received: _____
_____
_____
_____
_____
_____
_____
_____
_____
_____
_____
_____

My Experience, Thoughts & Feelings: _____
_____
_____
_____
_____
_____
_____
_____
_____
_____
_____
_____
_____
_____

Date: _____

Today's Number(s): _____

Animal Messenger: _____

Nature Messenger: _____

Universal Messenger: _____

The Message(s) I received: _____

_____

_____

_____

_____

_____

_____

_____

_____

_____

_____

_____

_____

My Experience, Thoughts & Feelings: _____

_____

_____

_____

_____

_____

_____

_____

_____

_____

_____

_____

_____

_____

_____

_____

Date: _____

Today's Number(s): _____

Animal Messenger: _____

Nature Messenger: _____

Universal Messenger: _____

The Message(s) I received: _____

_____

_____

_____

_____

_____

_____

_____

_____

_____

_____

_____

My Experience, Thoughts & Feelings: _____

_____

_____

_____

_____

_____

_____

_____

_____

_____

_____

_____

_____

_____

Date: _____

Today's Number(s): _____

Animal Messenger: _____

Nature Messenger: _____

Universal Messenger: _____

The Message(s) I received: _____

_____

_____

_____

_____

_____

_____

_____

_____

_____

_____

_____

_____

My Experience, Thoughts & Feelings: _____

_____

_____

_____

_____

_____

_____

_____

_____

_____

_____

_____

_____

_____

_____

_____

Date: _____

Today's Number(s): _____

Animal Messenger: _____

Nature Messenger: _____

Universal Messenger: _____

The Message(s) I received: _____

_____
_____
_____
_____
_____
_____
_____
_____
_____
_____
_____
_____
_____

My Experience, Thoughts & Feelings: _____

_____
_____
_____
_____
_____
_____
_____
_____
_____
_____
_____
_____
_____
_____

Date: _____

Today's Number(s): _____

Animal Messenger: _____

Nature Messenger: _____

Universal Messenger: _____

The Message(s) I received: _____
_____
_____
_____
_____
_____
_____
_____
_____
_____
_____
_____
_____
_____

My Experience, Thoughts & Feelings: _____
_____
_____
_____
_____
_____
_____
_____
_____
_____
_____
_____
_____
_____

Date: _____

Today's Number(s): _____

Animal Messenger: _____

Nature Messenger: _____

Universal Messenger: _____

The Message(s) I received: _____
_____
_____
_____
_____
_____
_____
_____
_____
_____
_____
_____
_____
_____

My Experience, Thoughts & Feelings: _____
_____
_____
_____
_____
_____
_____
_____
_____
_____
_____
_____
_____
_____
_____
_____

Date: _____

Today's Number(s): _____

Animal Messenger: _____

Nature Messenger: _____

Universal Messenger: _____

The Message(s) I received: _____
_____
_____
_____
_____
_____
_____
_____
_____
_____
_____
_____
_____
_____

My Experience, Thoughts & Feelings: _____
_____
_____
_____
_____
_____
_____
_____
_____
_____
_____
_____
_____
_____
_____
_____

Date: _____

Today's Number(s): _____

Animal Messenger: _____

Nature Messenger: _____

Universal Messenger: _____

The Message(s) I received: _____

_____

_____

_____

_____

_____

_____

_____

_____

_____

_____

_____

_____

My Experience, Thoughts & Feelings: _____

_____

_____

_____

_____

_____

_____

_____

_____

_____

_____

_____

_____

_____

_____

Date: _____

Today's Number(s): _____

Animal Messenger: _____

Nature Messenger: _____

Universal Messenger: _____

The Message(s) I received: _____

_____

_____

_____

_____

_____

_____

_____

_____

_____

_____

_____

_____

_____

My Experience, Thoughts & Feelings: _____

_____

_____

_____

_____

_____

_____

_____

_____

_____

_____

_____

_____

_____

_____

Date: _____

Today's Number(s): _____

Animal Messenger: _____

Nature Messenger: _____

Universal Messenger: _____

The Message(s) I received: _____

_____
_____
_____
_____
_____
_____
_____
_____
_____
_____
_____
_____
_____
_____

My Experience, Thoughts & Feelings: _____

_____
_____
_____
_____
_____
_____
_____
_____
_____
_____
_____
_____
_____
_____
_____

Date: _____

Today's Number(s): _____

Animal Messenger: _____

Nature Messenger: _____

Universal Messenger: _____

The Message(s) I received: _____

_____
_____
_____
_____
_____
_____
_____
_____
_____
_____
_____
_____
_____

My Experience, Thoughts & Feelings: _____

_____
_____
_____
_____
_____
_____
_____
_____
_____
_____
_____
_____
_____
_____
_____

Date: _____

Today's Number(s): _____

Animal Messenger: _____

Nature Messenger: _____

Universal Messenger: _____

The Message(s) I received: _____

_____
_____
_____
_____
_____
_____
_____
_____
_____
_____
_____
_____
_____

My Experience, Thoughts & Feelings: _____

_____
_____
_____
_____
_____
_____
_____
_____
_____
_____
_____
_____
_____
_____

Date: _____

Today's Number(s): _____

Animal Messenger: _____

Nature Messenger: _____

Universal Messenger: _____

The Message(s) I received: _____
_____
_____
_____
_____
_____
_____
_____
_____
_____
_____
_____
_____

My Experience, Thoughts & Feelings: _____
_____
_____
_____
_____
_____
_____
_____
_____
_____
_____
_____
_____
_____
_____

Date: _____

Today's Number(s): _____

Animal Messenger: _____

Nature Messenger: _____

Universal Messenger: _____

The Message(s) I received: _____
_____
_____
_____
_____
_____
_____
_____
_____
_____
_____
_____
_____

My Experience, Thoughts & Feelings: _____
_____
_____
_____
_____
_____
_____
_____
_____
_____
_____
_____
_____
_____
_____
_____

Date: _____

Today's Number(s): _____

Animal Messenger: _____

Nature Messenger: _____

Universal Messenger: _____

The Message(s) I received: _____
_____
_____
_____
_____
_____
_____
_____
_____
_____
_____
_____
_____
_____

My Experience, Thoughts & Feelings: _____
_____
_____
_____
_____
_____
_____
_____
_____
_____
_____
_____
_____
_____
_____
_____

Date: _____

Today's Number(s): _____

Animal Messenger: _____

Nature Messenger: _____

Universal Messenger: _____

The Message(s) I received: _____
_____
_____
_____
_____
_____
_____
_____
_____
_____
_____
_____
_____

My Experience, Thoughts & Feelings: _____
_____
_____
_____
_____
_____
_____
_____
_____
_____
_____
_____
_____
_____

Date: _____

Today's Number(s): _____

Animal Messenger: _____

Nature Messenger: _____

Universal Messenger: _____

The Message(s) I received: _____
_____
_____
_____
_____
_____
_____
_____
_____
_____
_____
_____
_____
_____

My Experience, Thoughts & Feelings: _____
_____
_____
_____
_____
_____
_____
_____
_____
_____
_____
_____
_____
_____
_____
_____

Date: _____

Today's Number(s): _____

Animal Messenger: _____

Nature Messenger: _____

Universal Messenger: _____

The Message(s) I received: _____

_____
_____
_____
_____
_____
_____
_____
_____
_____
_____
_____
_____
_____

My Experience, Thoughts & Feelings: _____

_____
_____
_____
_____
_____
_____
_____
_____
_____
_____
_____
_____
_____
_____

Date: _____

Today's Number(s): _____

Animal Messenger: _____

Nature Messenger: _____

Universal Messenger: _____

The Message(s) I received: _____
_____
_____
_____
_____
_____
_____
_____
_____
_____
_____
_____

My Experience, Thoughts & Feelings: _____
_____
_____
_____
_____
_____
_____
_____
_____
_____
_____
_____
_____
_____

Date: _____

Today's Number(s): _____

Animal Messenger: _____

Nature Messenger: _____

Universal Messenger: _____

The Message(s) I received: _____

_____

_____

_____

_____

_____

_____

_____

_____

_____

_____

_____

_____

My Experience, Thoughts & Feelings: _____

_____

_____

_____

_____

_____

_____

_____

_____

_____

_____

_____

_____

_____

Date: _____

Today's Number(s): _____

Animal Messenger: _____

Nature Messenger: _____

Universal Messenger: _____

The Message(s) I received: _____

_____

_____

_____

_____

_____

_____

_____

_____

_____

_____

_____

_____

My Experience, Thoughts & Feelings: _____

_____

_____

_____

_____

_____

_____

_____

_____

_____

_____

_____

_____

Date: _____

Today's Number(s): _____

Animal Messenger: _____

Nature Messenger: _____

Universal Messenger: _____

The Message(s) I received: _____
_____
_____
_____
_____
_____
_____
_____
_____
_____
_____
_____
_____

My Experience, Thoughts & Feelings: _____
_____
_____
_____
_____
_____
_____
_____
_____
_____
_____
_____
_____
_____
_____

Date: _____

Today's Number(s): _____

Animal Messenger: _____

Nature Messenger: _____

Universal Messenger: _____

The Message(s) I received: _____
_____
_____
_____
_____
_____
_____
_____
_____
_____
_____
_____
_____
_____

My Experience, Thoughts & Feelings: _____
_____
_____
_____
_____
_____
_____
_____
_____
_____
_____
_____
_____
_____
_____
_____

Date: _____

Today's Number(s): _____

Animal Messenger: _____

Nature Messenger: _____

Universal Messenger: _____

The Message(s) I received: _____
_____
_____
_____
_____
_____
_____
_____
_____
_____
_____
_____

My Experience, Thoughts & Feelings: _____
_____
_____
_____
_____
_____
_____
_____
_____
_____
_____
_____
_____
_____

Date: _____

Today's Number(s): _____

Animal Messenger: _____

Nature Messenger: _____

Universal Messenger: _____

The Message(s) I received: _____

_____
_____
_____
_____
_____
_____
_____
_____
_____
_____
_____
_____
_____

My Experience, Thoughts & Feelings: _____

_____
_____
_____
_____
_____
_____
_____
_____
_____
_____
_____
_____
_____
_____

Date: _____

Today's Number(s): _____

Animal Messenger: _____

Nature Messenger: _____

Universal Messenger: _____

The Message(s) I received: _____
_____
_____
_____
_____
_____
_____
_____
_____
_____
_____
_____
_____

My Experience, Thoughts & Feelings: _____
_____
_____
_____
_____
_____
_____
_____
_____
_____
_____
_____
_____
_____
_____

Date: _____

Today's Number(s): _____

Animal Messenger: _____

Nature Messenger: _____

Universal Messenger: _____

The Message(s) I received: _____

_____
_____
_____
_____
_____
_____
_____
_____
_____
_____
_____
_____
_____
_____

My Experience, Thoughts & Feelings: _____

_____
_____
_____
_____
_____
_____
_____
_____
_____
_____
_____
_____
_____
_____
_____

Date: _____

Today's Number(s): _____

Animal Messenger: _____

Nature Messenger: _____

Universal Messenger: _____

The Message(s) I received: _____

_____

_____

_____

_____

_____

_____

_____

_____

_____

_____

_____

_____

My Experience, Thoughts & Feelings: _____

_____

_____

_____

_____

_____

_____

_____

_____

_____

_____

_____

_____

_____

_____

Date: _____

Today's Number(s): _____

Animal Messenger: _____

Nature Messenger: _____

Universal Messenger: _____

The Message(s) I received: _____

_____
_____
_____
_____
_____
_____
_____
_____
_____
_____
_____
_____
_____

My Experience, Thoughts & Feelings: _____

_____
_____
_____
_____
_____
_____
_____
_____
_____
_____
_____
_____
_____
_____
_____
_____

Date: _____

Today's Number(s): _____

Animal Messenger: _____

Nature Messenger: _____

Universal Messenger: _____

The Message(s) I received: _____
_____
_____
_____
_____
_____
_____
_____
_____
_____
_____
_____
_____

My Experience, Thoughts & Feelings: _____
_____
_____
_____
_____
_____
_____
_____
_____
_____
_____
_____
_____
_____

Date: _____

Today's Number(s): _____

Animal Messenger: _____

Nature Messenger: _____

Universal Messenger: _____

The Message(s) I received: _____

_____

_____

_____

_____

_____

_____

_____

_____

_____

_____

_____

_____

My Experience, Thoughts & Feelings: _____

_____

_____

_____

_____

_____

_____

_____

_____

_____

_____

_____

_____

_____

Date: _____

Today's Number(s): _____

Animal Messenger: _____

Nature Messenger: _____

Universal Messenger: _____

The Message(s) I received: _____

_____
_____
_____
_____
_____
_____
_____
_____
_____
_____
_____
_____
_____

My Experience, Thoughts & Feelings: _____

_____
_____
_____
_____
_____
_____
_____
_____
_____
_____
_____
_____
_____
_____

Date: _____

Today's Number(s): _____

Animal Messenger: _____

Nature Messenger: _____

Universal Messenger: _____

The Message(s) I received: _____

_____
_____
_____
_____
_____
_____
_____
_____
_____
_____
_____
_____
_____
_____

My Experience, Thoughts & Feelings: _____

_____
_____
_____
_____
_____
_____
_____
_____
_____
_____
_____
_____
_____
_____
_____

Date: _____

Today's Number(s): _____

Animal Messenger: _____

Nature Messenger: _____

Universal Messenger: _____

The Message(s) I received: _____
_____
_____
_____
_____
_____
_____
_____
_____
_____
_____
_____
_____
_____

My Experience, Thoughts & Feelings: _____
_____
_____
_____
_____
_____
_____
_____
_____
_____
_____
_____
_____
_____
_____
_____
_____

Date: _____

Today's Number(s): _____

Animal Messenger: _____

Nature Messenger: _____

Universal Messenger: _____

The Message(s) I received: _____

_____
_____
_____
_____
_____
_____
_____
_____
_____
_____
_____
_____
_____
_____

My Experience, Thoughts & Feelings: _____

_____
_____
_____
_____
_____
_____
_____
_____
_____
_____
_____
_____
_____
_____
_____
_____

Date: _____

Today's Number(s): _____

Animal Messenger: _____

Nature Messenger: _____

Universal Messenger: _____

The Message(s) I received: _____

_____

_____

_____

_____

_____

_____

_____

_____

_____

_____

_____

_____

My Experience, Thoughts & Feelings: _____

_____

_____

_____

_____

_____

_____

_____

_____

_____

_____

_____

_____

_____

_____

Date: _____

Today's Number(s): _____

Animal Messenger: _____

Nature Messenger: _____

Universal Messenger: _____

The Message(s) I received: _____

_____

_____

_____

_____

_____

_____

_____

_____

_____

_____

_____

My Experience, Thoughts & Feelings: _____

_____

_____

_____

_____

_____

_____

_____

_____

_____

_____

_____

_____

Date: _____

Today's Number(s): _____

Animal Messenger: _____

Nature Messenger: _____

Universal Messenger: _____

The Message(s) I received: _____
_____
_____
_____
_____
_____
_____
_____
_____
_____
_____
_____

My Experience, Thoughts & Feelings: _____
_____
_____
_____
_____
_____
_____
_____
_____
_____
_____
_____
_____
_____

Date: _____

Today's Number(s): _____

Animal Messenger: _____

Nature Messenger: _____

Universal Messenger: _____

The Message(s) I received: _____
_____
_____
_____
_____
_____
_____
_____
_____
_____
_____
_____
_____
_____

My Experience, Thoughts & Feelings: _____
_____
_____
_____
_____
_____
_____
_____
_____
_____
_____
_____
_____
_____
_____

Date: _____

Today's Number(s): _____

Animal Messenger: _____

Nature Messenger: _____

Universal Messenger: _____

The Message(s) I received: _____
_____
_____
_____
_____
_____
_____
_____
_____
_____
_____
_____
_____

My Experience, Thoughts & Feelings: _____
_____
_____
_____
_____
_____
_____
_____
_____
_____
_____
_____
_____
_____
_____

Date: _____

Today's Number(s): _____

Animal Messenger: _____

Nature Messenger: _____

Universal Messenger: _____

The Message(s) I received: _____
_____
_____
_____
_____
_____
_____
_____
_____
_____
_____
_____
_____
_____

My Experience, Thoughts & Feelings: _____
_____
_____
_____
_____
_____
_____
_____
_____
_____
_____
_____
_____
_____
_____
_____
_____

Date: _____

Today's Number(s): _____

Animal Messenger: _____

Nature Messenger: _____

Universal Messenger: _____

The Message(s) I received: _____
_____
_____
_____
_____
_____
_____
_____
_____
_____
_____
_____
_____

My Experience, Thoughts & Feelings: _____
_____
_____
_____
_____
_____
_____
_____
_____
_____
_____
_____
_____
_____
_____

Date: _____

Today's Number(s): _____

Animal Messenger: _____

Nature Messenger: _____

Universal Messenger: _____

The Message(s) I received: _____
_____
_____
_____
_____
_____
_____
_____
_____
_____
_____
_____
_____

My Experience, Thoughts & Feelings: _____
_____
_____
_____
_____
_____
_____
_____
_____
_____
_____
_____
_____
_____
_____

Date: _____

Today's Number(s): _____

Animal Messenger: _____

Nature Messenger: _____

Universal Messenger: _____

The Message(s) I received: _____

_____

_____

_____

_____

_____

_____

_____

_____

_____

_____

_____

_____

My Experience, Thoughts & Feelings: _____

_____

_____

_____

_____

_____

_____

_____

_____

_____

_____

_____

_____

_____

Date: _____

Today's Number(s): _____

Animal Messenger: _____

Nature Messenger: _____

Universal Messenger: _____

The Message(s) I received: _____
_____
_____
_____
_____
_____
_____
_____
_____
_____
_____
_____
_____
_____

My Experience, Thoughts & Feelings: _____
_____
_____
_____
_____
_____
_____
_____
_____
_____
_____
_____
_____
_____
_____

Date: _____

Today's Number(s): _____

Animal Messenger: _____

Nature Messenger: _____

Universal Messenger: _____

The Message(s) I received: _____

_____

_____

_____

_____

_____

_____

_____

_____

_____

_____

_____

_____

My Experience, Thoughts & Feelings: _____

_____

_____

_____

_____

_____

_____

_____

_____

_____

_____

_____

_____

_____

_____

Date: _____

Today's Number(s): _____

Animal Messenger: _____

Nature Messenger: _____

Universal Messenger: _____

The Message(s) I received: _____
_____
_____
_____
_____
_____
_____
_____
_____
_____
_____
_____
_____
_____

My Experience, Thoughts & Feelings: _____
_____
_____
_____
_____
_____
_____
_____
_____
_____
_____
_____
_____
_____
_____

Date: _____

Today's Number(s): _____

Animal Messenger: _____

Nature Messenger: _____

Universal Messenger: _____

The Message(s) I received: _____

_____

_____

_____

_____

_____

_____

_____

_____

_____

_____

_____

_____

My Experience, Thoughts & Feelings: _____

_____

_____

_____

_____

_____

_____

_____

_____

_____

_____

_____

_____

_____

_____

Date: _____

Today's Number(s): _____

Animal Messenger: _____

Nature Messenger: _____

Universal Messenger: _____

The Message(s) I received: _____

_____

_____

_____

_____

_____

_____

_____

_____

_____

_____

_____

_____

_____

My Experience, Thoughts & Feelings: _____

_____

_____

_____

_____

_____

_____

_____

_____

_____

_____

_____

_____

_____

_____

_____

Date: _____

Today's Number(s): _____

Animal Messenger: _____

Nature Messenger: _____

Universal Messenger: _____

The Message(s) I received: _____

_____
_____
_____
_____
_____
_____
_____
_____
_____
_____
_____
_____
_____

My Experience, Thoughts & Feelings: _____

_____
_____
_____
_____
_____
_____
_____
_____
_____
_____
_____
_____
_____
_____
_____

Date: _____

Today's Number(s): _____

Animal Messenger: _____

Nature Messenger: _____

Universal Messenger: _____

The Message(s) I received: _____

_____
_____
_____
_____
_____
_____
_____
_____
_____
_____
_____
_____

My Experience, Thoughts & Feelings: _____

_____
_____
_____
_____
_____
_____
_____
_____
_____
_____
_____
_____
_____
_____

Date: _____

Today's Number(s): _____

Animal Messenger: _____

Nature Messenger: _____

Universal Messenger: _____

The Message(s) I received: _____
_____
_____
_____
_____
_____
_____
_____
_____
_____
_____
_____
_____

My Experience, Thoughts & Feelings: _____
_____
_____
_____
_____
_____
_____
_____
_____
_____
_____
_____
_____
_____
_____

Date: _____

Today's Number(s): _____

Animal Messenger: _____

Nature Messenger: _____

Universal Messenger: _____

The Message(s) I received: _____

_____

_____

_____

_____

_____

_____

_____

_____

_____

_____

_____

_____

My Experience, Thoughts & Feelings: _____

_____

_____

_____

_____

_____

_____

_____

_____

_____

_____

_____

_____

_____

_____

Date: _____

Today's Number(s): _____

Animal Messenger: _____

Nature Messenger: _____

Universal Messenger: _____

The Message(s) I received: _____

_____

_____

_____

_____

_____

_____

_____

_____

_____

_____

_____

_____

My Experience, Thoughts & Feelings: _____

_____

_____

_____

_____

_____

_____

_____

_____

_____

_____

_____

_____

_____

Date: _____

Today's Number(s): _____

Animal Messenger: _____

Nature Messenger: _____

Universal Messenger: _____

The Message(s) I received: _____

_____

_____

_____

_____

_____

_____

_____

_____

_____

_____

_____

My Experience, Thoughts & Feelings: _____

_____

_____

_____

_____

_____

_____

_____

_____

_____

_____

_____

_____

_____

Date: _____

Today's Number(s): _____

Animal Messenger: _____

Nature Messenger: _____

Universal Messenger: _____

The Message(s) I received: _____

_____

_____

_____

_____

_____

_____

_____

_____

_____

_____

_____

_____

My Experience, Thoughts & Feelings: _____

_____

_____

_____

_____

_____

_____

_____

_____

_____

_____

_____

_____

_____

Date: _____

Today's Number(s): _____

Animal Messenger: _____

Nature Messenger: _____

Universal Messenger: _____

The Message(s) I received: _____
_____
_____
_____
_____
_____
_____
_____
_____
_____
_____
_____
_____
_____

My Experience, Thoughts & Feelings: _____
_____
_____
_____
_____
_____
_____
_____
_____
_____
_____
_____
_____
_____
_____

Date: _____

Today's Number(s): _____

Animal Messenger: _____

Nature Messenger: _____

Universal Messenger: _____

The Message(s) I received: _____
_____
_____
_____
_____
_____
_____
_____
_____
_____
_____
_____
_____

My Experience, Thoughts & Feelings: _____
_____
_____
_____
_____
_____
_____
_____
_____
_____
_____
_____
_____
_____

Date: _____

Today's Number(s): _____

Animal Messenger: _____

Nature Messenger: _____

Universal Messenger: _____

The Message(s) I received: _____

_____

_____

_____

_____

_____

_____

_____

_____

_____

_____

_____

_____

My Experience, Thoughts & Feelings: _____

_____

_____

_____

_____

_____

_____

_____

_____

_____

_____

_____

_____

_____

Date: _____

Today's Number(s): _____

Animal Messenger: _____

Nature Messenger: _____

Universal Messenger: _____

The Message(s) I received: _____

_____

_____

_____

_____

_____

_____

_____

_____

_____

_____

_____

My Experience, Thoughts & Feelings: _____

_____

_____

_____

_____

_____

_____

_____

_____

_____

_____

_____

_____

_____

Date: _____

Today's Number(s): _____

Animal Messenger: _____

Nature Messenger: _____

Universal Messenger: _____

The Message(s) I received: _____
_____
_____
_____
_____
_____
_____
_____
_____
_____
_____
_____
_____
_____

My Experience, Thoughts & Feelings: _____
_____
_____
_____
_____
_____
_____
_____
_____
_____
_____
_____
_____
_____
_____
_____
_____

Date: _____

Today's Number(s): _____

Animal Messenger: _____

Nature Messenger: _____

Universal Messenger: _____

The Message(s) I received: _____
_____
_____
_____
_____
_____
_____
_____
_____
_____
_____
_____
_____

My Experience, Thoughts & Feelings: _____
_____
_____
_____
_____
_____
_____
_____
_____
_____
_____
_____
_____
_____
_____

Date: _____

Today's Number(s): _____

Animal Messenger: _____

Nature Messenger: _____

Universal Messenger: _____

The Message(s) I received: _____
_____
_____
_____
_____
_____
_____
_____
_____
_____
_____
_____
_____

My Experience, Thoughts & Feelings: _____
_____
_____
_____
_____
_____
_____
_____
_____
_____
_____
_____
_____
_____
_____

Date: _____

Today's Number(s): _____

Animal Messenger: _____

Nature Messenger: _____

Universal Messenger: _____

The Message(s) I received: _____

_____
_____
_____
_____
_____
_____
_____
_____
_____
_____
_____
_____

My Experience, Thoughts & Feelings: _____

_____
_____
_____
_____
_____
_____
_____
_____
_____
_____
_____
_____
_____
_____

Date: _____

Today's Number(s): _____

Animal Messenger: _____

Nature Messenger: _____

Universal Messenger: _____

The Message(s) I received: _____
_____
_____
_____
_____
_____
_____
_____
_____
_____
_____
_____

My Experience, Thoughts & Feelings: _____
_____
_____
_____
_____
_____
_____
_____
_____
_____
_____
_____
_____
_____
_____

Date: _____

Today's Number(s): _____

Animal Messenger: _____

Nature Messenger: _____

Universal Messenger: _____

The Message(s) I received: _____

_____
_____
_____
_____
_____
_____
_____
_____
_____
_____
_____
_____
_____

My Experience, Thoughts & Feelings: _____

_____
_____
_____
_____
_____
_____
_____
_____
_____
_____
_____
_____
_____
_____

Date: _____

Today's Number(s): _____

Animal Messenger: _____

Nature Messenger: _____

Universal Messenger: _____

The Message(s) I received: _____
_____
_____
_____
_____
_____
_____
_____
_____
_____
_____
_____
_____
_____

My Experience, Thoughts & Feelings: _____
_____
_____
_____
_____
_____
_____
_____
_____
_____
_____
_____
_____
_____
_____
_____

Date: _____

Today's Number(s): _____

Animal Messenger: _____

Nature Messenger: _____

Universal Messenger: _____

The Message(s) I received: _____

_____
_____
_____
_____
_____
_____
_____
_____
_____
_____
_____
_____
_____

My Experience, Thoughts & Feelings: _____

_____
_____
_____
_____
_____
_____
_____
_____
_____
_____
_____
_____
_____
_____
_____

Date: _____

Today's Number(s): _____

Animal Messenger: _____

Nature Messenger: _____

Universal Messenger: _____

The Message(s) I received: _____
_____
_____
_____
_____
_____
_____
_____
_____
_____
_____
_____
_____
_____

My Experience, Thoughts & Feelings: _____
_____
_____
_____
_____
_____
_____
_____
_____
_____
_____
_____
_____
_____
_____
_____

Date: _____

Today's Number(s): _____

Animal Messenger: _____

Nature Messenger: _____

Universal Messenger: _____

The Message(s) I received: _____

_____

_____

_____

_____

_____

_____

_____

_____

_____

_____

_____

_____

My Experience, Thoughts & Feelings: _____

_____

_____

_____

_____

_____

_____

_____

_____

_____

_____

_____

_____

_____

Date: _____

Today's Number(s): _____

Animal Messenger: _____

Nature Messenger: _____

Universal Messenger: _____

The Message(s) I received: _____

_____

_____

_____

_____

_____

_____

_____

_____

_____

_____

_____

_____

My Experience, Thoughts & Feelings: _____

_____

_____

_____

_____

_____

_____

_____

_____

_____

_____

_____

_____

_____

_____

Date: _____

Today's Number(s): _____

Animal Messenger: _____

Nature Messenger: _____

Universal Messenger: _____

The Message(s) I received: _____

_____
_____
_____
_____
_____
_____
_____
_____
_____
_____
_____
_____

My Experience, Thoughts & Feelings: _____

_____
_____
_____
_____
_____
_____
_____
_____
_____
_____
_____
_____
_____
_____

Date: _____

Today's Number(s): _____

Animal Messenger: _____

Nature Messenger: _____

Universal Messenger: _____

The Message(s) I received: _____

_____

_____

_____

_____

_____

_____

_____

_____

_____

_____

_____

_____

_____

My Experience, Thoughts & Feelings: _____

_____

_____

_____

_____

_____

_____

_____

_____

_____

_____

_____

_____

_____

_____

_____

Date: _____

Today's Number(s): _____

Animal Messenger: _____

Nature Messenger: _____

Universal Messenger: _____

The Message(s) I received: _____
_____
_____
_____
_____
_____
_____
_____
_____
_____
_____
_____
_____

My Experience, Thoughts & Feelings: _____
_____
_____
_____
_____
_____
_____
_____
_____
_____
_____
_____
_____
_____
_____

Date: _____

Today's Number(s): _____

Animal Messenger: _____

Nature Messenger: _____

Universal Messenger: _____

The Message(s) I received: _____
_____
_____
_____
_____
_____
_____
_____
_____
_____
_____
_____
_____
_____

My Experience, Thoughts & Feelings: _____
_____
_____
_____
_____
_____
_____
_____
_____
_____
_____
_____
_____
_____
_____
_____

Date: _____

Today's Number(s): _____

Animal Messenger: _____

Nature Messenger: _____

Universal Messenger: _____

The Message(s) I received: _____

_____

_____

_____

_____

_____

_____

_____

_____

_____

_____

_____

My Experience, Thoughts & Feelings: _____

_____

_____

_____

_____

_____

_____

_____

_____

_____

_____

_____

_____

_____

Date: _____

Today's Number(s): _____

Animal Messenger: _____

Nature Messenger: _____

Universal Messenger: _____

The Message(s) I received: _____
_____
_____
_____
_____
_____
_____
_____
_____
_____
_____
_____
_____
_____
_____
_____

My Experience, Thoughts & Feelings: _____
_____
_____
_____
_____
_____
_____
_____
_____
_____
_____
_____
_____
_____
_____
_____
_____
_____

Date: _____

Today's Number(s): _____

Animal Messenger: _____

Nature Messenger: _____

Universal Messenger: _____

The Message(s) I received: _____
_____
_____
_____
_____
_____
_____
_____
_____
_____
_____
_____
_____

My Experience, Thoughts & Feelings: _____
_____
_____
_____
_____
_____
_____
_____
_____
_____
_____
_____
_____
_____
_____

Date: _____

Today's Number(s): _____

Animal Messenger: _____

Nature Messenger: _____

Universal Messenger: _____

The Message(s) I received: _____
_____
_____
_____
_____
_____
_____
_____
_____
_____
_____
_____
_____

My Experience, Thoughts & Feelings: _____
_____
_____
_____
_____
_____
_____
_____
_____
_____
_____
_____
_____
_____
_____

Date: _____

Today's Number(s): _____

Animal Messenger: _____

Nature Messenger: _____

Universal Messenger: _____

The Message(s) I received: _____

_____

_____

_____

_____

_____

_____

_____

_____

_____

_____

_____

_____

My Experience, Thoughts & Feelings: _____

_____

_____

_____

_____

_____

_____

_____

_____

_____

_____

_____

_____

_____

_____

_____

Date: _____

Today's Number(s): _____

Animal Messenger: _____

Nature Messenger: _____

Universal Messenger: _____

The Message(s) I received: _____
_____
_____
_____
_____
_____
_____
_____
_____
_____
_____
_____
_____
_____

My Experience, Thoughts & Feelings: _____
_____
_____
_____
_____
_____
_____
_____
_____
_____
_____
_____
_____
_____
_____

Date: _____

Today's Number(s): _____

Animal Messenger: _____

Nature Messenger: _____

Universal Messenger: _____

The Message(s) I received: _____

_____

_____

_____

_____

_____

_____

_____

_____

_____

_____

_____

_____

_____

My Experience, Thoughts & Feelings: _____

_____

_____

_____

_____

_____

_____

_____

_____

_____

_____

_____

_____

_____

_____

Date: _____

Today's Number(s): _____

Animal Messenger: _____

Nature Messenger: _____

Universal Messenger: _____

The Message(s) I received: _____
_____
_____
_____
_____
_____
_____
_____
_____
_____
_____
_____
_____

My Experience, Thoughts & Feelings: _____
_____
_____
_____
_____
_____
_____
_____
_____
_____
_____
_____
_____
_____
_____
_____

Date: _____

Today's Number(s): _____

Animal Messenger: _____

Nature Messenger: _____

Universal Messenger: _____

The Message(s) I received: _____

_____

_____

_____

_____

_____

_____

_____

_____

_____

_____

_____

_____

My Experience, Thoughts & Feelings: _____

_____

_____

_____

_____

_____

_____

_____

_____

_____

_____

_____

_____

_____

Date: _____

Today's Number(s): _____

Animal Messenger: _____

Nature Messenger: _____

Universal Messenger: _____

The Message(s) I received: _____

_____
_____
_____
_____
_____
_____
_____
_____
_____
_____
_____
_____

My Experience, Thoughts & Feelings: _____

_____
_____
_____
_____
_____
_____
_____
_____
_____
_____
_____
_____
_____

Date: _____

Today's Number(s): _____

Animal Messenger: _____

Nature Messenger: _____

Universal Messenger: _____

The Message(s) I received: _____

_____
_____
_____
_____
_____
_____
_____
_____
_____
_____
_____
_____
_____

My Experience, Thoughts & Feelings: _____

_____
_____
_____
_____
_____
_____
_____
_____
_____
_____
_____
_____
_____
_____

Date: _____

Today's Number(s): _____

Animal Messenger: _____

Nature Messenger: _____

Universal Messenger: _____

The Message(s) I received: _____

_____
_____
_____
_____
_____
_____
_____
_____
_____
_____
_____
_____

My Experience, Thoughts & Feelings: _____

_____
_____
_____
_____
_____
_____
_____
_____
_____
_____
_____
_____
_____

Date: _____

Today's Number(s): _____

Animal Messenger: _____

Nature Messenger: _____

Universal Messenger: _____

The Message(s) I received: _____
_____
_____
_____
_____
_____
_____
_____
_____
_____
_____
_____
_____

My Experience, Thoughts & Feelings: _____
_____
_____
_____
_____
_____
_____
_____
_____
_____
_____
_____
_____
_____
_____

Date: _____

Today's Number(s): _____

Animal Messenger: _____

Nature Messenger: _____

Universal Messenger: _____

The Message(s) I received: _____
_____
_____
_____
_____
_____
_____
_____
_____
_____
_____
_____
_____
_____

My Experience, Thoughts & Feelings: _____
_____
_____
_____
_____
_____
_____
_____
_____
_____
_____
_____
_____
_____
_____
_____

Date: _____

Today's Number(s): _____

Animal Messenger: _____

Nature Messenger: _____

Universal Messenger: _____

The Message(s) I received: _____

_____

_____

_____

_____

_____

_____

_____

_____

_____

_____

_____

My Experience, Thoughts & Feelings: _____

_____

_____

_____

_____

_____

_____

_____

_____

_____

_____

_____

_____

_____

Date: _____

Today's Number(s): _____

Animal Messenger: _____

Nature Messenger: _____

Universal Messenger: _____

The Message(s) I received: _____
_____
_____
_____
_____
_____
_____
_____
_____
_____
_____
_____
_____
_____

My Experience, Thoughts & Feelings: _____
_____
_____
_____
_____
_____
_____
_____
_____
_____
_____
_____
_____
_____
_____
_____
_____

Date: _____

Today's Number(s): _____

Animal Messenger: _____

Nature Messenger: _____

Universal Messenger: _____

The Message(s) I received: _____

_____

_____

_____

_____

_____

_____

_____

_____

_____

_____

_____

_____

My Experience, Thoughts & Feelings: _____

_____

_____

_____

_____

_____

_____

_____

_____

_____

_____

_____

_____

Date: _____

Today's Number(s): _____

Animal Messenger: _____

Nature Messenger: _____

Universal Messenger: _____

The Message(s) I received: _____

_____

_____

_____

_____

_____

_____

_____

_____

_____

_____

_____

_____

My Experience, Thoughts & Feelings: _____

_____

_____

_____

_____

_____

_____

_____

_____

_____

_____

_____

_____

_____

_____

Date: _____

Today's Number(s): _____

Animal Messenger: _____

Nature Messenger: _____

Universal Messenger: _____

The Message(s) I received: _____

_____
_____
_____
_____
_____
_____
_____
_____
_____
_____
_____
_____

My Experience, Thoughts & Feelings: _____

_____
_____
_____
_____
_____
_____
_____
_____
_____
_____
_____
_____
_____

Date: _____

Today's Number(s): _____

Animal Messenger: _____

Nature Messenger: _____

Universal Messenger: _____

The Message(s) I received: _____

_____
_____
_____
_____
_____
_____
_____
_____
_____
_____
_____
_____
_____

My Experience, Thoughts & Feelings: _____

_____
_____
_____
_____
_____
_____
_____
_____
_____
_____
_____
_____
_____
_____

Date: _____

Today's Number(s): _____

Animal Messenger: _____

Nature Messenger: _____

Universal Messenger: _____

The Message(s) I received: _____

_____

_____

_____

_____

_____

_____

_____

_____

_____

_____

_____

_____

My Experience, Thoughts & Feelings: _____

_____

_____

_____

_____

_____

_____

_____

_____

_____

_____

_____

_____

_____

Date: _____

Today's Number(s): _____

Animal Messenger: _____

Nature Messenger: _____

Universal Messenger: _____

The Message(s) I received: _____

_____
_____
_____
_____
_____
_____
_____
_____
_____
_____
_____
_____

My Experience, Thoughts & Feelings: _____

_____
_____
_____
_____
_____
_____
_____
_____
_____
_____
_____
_____
_____
_____
_____

Date: _____

Today's Number(s): _____

Animal Messenger: _____

Nature Messenger: _____

Universal Messenger: _____

The Message(s) I received: _____
_____
_____
_____
_____
_____
_____
_____
_____
_____
_____
_____
_____

My Experience, Thoughts & Feelings: _____
_____
_____
_____
_____
_____
_____
_____
_____
_____
_____
_____
_____
_____
_____

Date: _____

Today's Number(s): _____

Animal Messenger: _____

Nature Messenger: _____

Universal Messenger: _____

The Message(s) I received: _____

_____

_____

_____

_____

_____

_____

_____

_____

_____

_____

_____

_____

_____

My Experience, Thoughts & Feelings: _____

_____

_____

_____

_____

_____

_____

_____

_____

_____

_____

_____

_____

_____

_____

Date: _____

Today's Number(s): _____

Animal Messenger: _____

Nature Messenger: _____

Universal Messenger: _____

The Message(s) I received: _____

_____
_____
_____
_____
_____
_____
_____
_____
_____
_____
_____
_____

My Experience, Thoughts & Feelings: _____

_____
_____
_____
_____
_____
_____
_____
_____
_____
_____
_____
_____
_____
_____

Date: _____

Today's Number(s): _____

Animal Messenger: _____

Nature Messenger: _____

Universal Messenger: _____

The Message(s) I received: _____
_____
_____
_____
_____
_____
_____
_____
_____
_____
_____
_____
_____
_____

My Experience, Thoughts & Feelings: _____
_____
_____
_____
_____
_____
_____
_____
_____
_____
_____
_____
_____
_____
_____
_____
_____

Date: _____

Today's Number(s): _____

Animal Messenger: _____

Nature Messenger: _____

Universal Messenger: _____

The Message(s) I received: _____
_____
_____
_____
_____
_____
_____
_____
_____
_____
_____
_____
_____
_____

My Experience, Thoughts & Feelings: _____
_____
_____
_____
_____
_____
_____
_____
_____
_____
_____
_____
_____
_____
_____

Date: _____

Today's Number(s): _____

Animal Messenger: _____

Nature Messenger: _____

Universal Messenger: _____

The Message(s) I received: _____

_____

_____

_____

_____

_____

_____

_____

_____

_____

_____

_____

_____

My Experience, Thoughts & Feelings: _____

_____

_____

_____

_____

_____

_____

_____

_____

_____

_____

_____

_____

_____

_____

Date: _____

Today's Number(s): _____

Animal Messenger: _____

Nature Messenger: _____

Universal Messenger: _____

The Message(s) I received: _____

_____

_____

_____

_____

_____

_____

_____

_____

_____

_____

_____

My Experience, Thoughts & Feelings: _____

_____

_____

_____

_____

_____

_____

_____

_____

_____

_____

_____

_____

_____

Date: _____

Today's Number(s): _____

Animal Messenger: _____

Nature Messenger: _____

Universal Messenger: _____

The Message(s) I received: _____

_____

_____

_____

_____

_____

_____

_____

_____

_____

_____

_____

_____

My Experience, Thoughts & Feelings: _____

_____

_____

_____

_____

_____

_____

_____

_____

_____

_____

_____

_____

_____

_____

Date: _____

Today's Number(s): _____

Animal Messenger: _____

Nature Messenger: _____

Universal Messenger: _____

The Message(s) I received: _____

_____

_____

_____

_____

_____

_____

_____

_____

_____

_____

_____

_____

My Experience, Thoughts & Feelings: _____

_____

_____

_____

_____

_____

_____

_____

_____

_____

_____

_____

_____

_____

_____

Date: _____

Today's Number(s): _____

Animal Messenger: _____

Nature Messenger: _____

Universal Messenger: _____

The Message(s) I received: _____

_____

_____

_____

_____

_____

_____

_____

_____

_____

_____

_____

_____

_____

_____

My Experience, Thoughts & Feelings: _____

_____

_____

_____

_____

_____

_____

_____

_____

_____

_____

_____

_____

_____

_____

_____

_____

Date: _____

Today's Number(s): _____

Animal Messenger: _____

Nature Messenger: _____

Universal Messenger: _____

The Message(s) I received: _____

_____

_____

_____

_____

_____

_____

_____

_____

_____

_____

_____

_____

My Experience, Thoughts & Feelings: _____

_____

_____

_____

_____

_____

_____

_____

_____

_____

_____

_____

_____

_____

Date: _____

Today's Number(s): _____

Animal Messenger: _____

Nature Messenger: _____

Universal Messenger: _____

The Message(s) I received: _____

_____
_____
_____
_____
_____
_____
_____
_____
_____
_____
_____
_____

My Experience, Thoughts & Feelings: _____

_____
_____
_____
_____
_____
_____
_____
_____
_____
_____
_____
_____
_____
_____
_____

Date: _____

Today's Number(s): _____

Animal Messenger: _____

Nature Messenger: _____

Universal Messenger: _____

The Message(s) I received: _____

_____

_____

_____

_____

_____

_____

_____

_____

_____

_____

_____

_____

_____

My Experience, Thoughts & Feelings: _____

_____

_____

_____

_____

_____

_____

_____

_____

_____

_____

_____

_____

_____

_____

Date: _____

Today's Number(s): _____

Animal Messenger: _____

Nature Messenger: _____

Universal Messenger: _____

The Message(s) I received: _____
_____
_____
_____
_____
_____
_____
_____
_____
_____
_____
_____
_____
_____
_____

My Experience, Thoughts & Feelings: _____
_____
_____
_____
_____
_____
_____
_____
_____
_____
_____
_____
_____
_____
_____

Date: _____

Today's Number(s): _____

Animal Messenger: _____

Nature Messenger: _____

Universal Messenger: _____

The Message(s) I received: _____

_____

_____

_____

_____

_____

_____

_____

_____

_____

_____

_____

My Experience, Thoughts & Feelings: _____

_____

_____

_____

_____

_____

_____

_____

_____

_____

_____

_____

_____

Date: _____

Today's Number(s): _____

Animal Messenger: _____

Nature Messenger: _____

Universal Messenger: _____

The Message(s) I received: _____

_____

_____

_____

_____

_____

_____

_____

_____

_____

_____

_____

_____

_____

My Experience, Thoughts & Feelings: _____

_____

_____

_____

_____

_____

_____

_____

_____

_____

_____

_____

_____

_____

_____

_____

Date: _____

Today's Number(s): _____

Animal Messenger: _____

Nature Messenger: _____

Universal Messenger: _____

The Message(s) I received: _____

_____

_____

_____

_____

_____

_____

_____

_____

_____

_____

_____

_____

My Experience, Thoughts & Feelings: _____

_____

_____

_____

_____

_____

_____

_____

_____

_____

_____

_____

_____

Date: _____

Today's Number(s): _____

Animal Messenger: _____

Nature Messenger: _____

Universal Messenger: _____

The Message(s) I received: _____
_____
_____
_____
_____
_____
_____
_____
_____
_____
_____
_____
_____
_____

My Experience, Thoughts & Feelings: _____
_____
_____
_____
_____
_____
_____
_____
_____
_____
_____
_____
_____
_____
_____
_____
_____

Date: _____

Today's Number(s): _____

Animal Messenger: _____

Nature Messenger: _____

Universal Messenger: _____

The Message(s) I received: _____

_____

_____

_____

_____

_____

_____

_____

_____

_____

_____

_____

_____

My Experience, Thoughts & Feelings: _____

_____

_____

_____

_____

_____

_____

_____

_____

_____

_____

_____

_____

_____

Date: _____

Today's Number(s): _____

Animal Messenger: _____

Nature Messenger: _____

Universal Messenger: _____

The Message(s) I received: _____
_____
_____
_____
_____
_____
_____
_____
_____
_____
_____
_____
_____
_____

My Experience, Thoughts & Feelings: _____
_____
_____
_____
_____
_____
_____
_____
_____
_____
_____
_____
_____
_____
_____

Date: _____

Today's Number(s): _____

Animal Messenger: _____

Nature Messenger: _____

Universal Messenger: _____

The Message(s) I received: _____

_____
_____
_____
_____
_____
_____
_____
_____
_____
_____
_____
_____

My Experience, Thoughts & Feelings: _____

_____
_____
_____
_____
_____
_____
_____
_____
_____
_____
_____
_____
_____
_____

Date: _____

Today's Number(s): _____

Animal Messenger: _____

Nature Messenger: _____

Universal Messenger: _____

The Message(s) I received: _____

_____

_____

_____

_____

_____

_____

_____

_____

_____

_____

_____

_____

_____

My Experience, Thoughts & Feelings: _____

_____

_____

_____

_____

_____

_____

_____

_____

_____

_____

_____

_____

_____

_____

Date: _____

Today's Number(s): _____

Animal Messenger: _____

Nature Messenger: _____

Universal Messenger: _____

The Message(s) I received: _____

_____
_____
_____
_____
_____
_____
_____
_____
_____
_____
_____
_____

My Experience, Thoughts & Feelings: _____

_____
_____
_____
_____
_____
_____
_____
_____
_____
_____
_____
_____
_____

Date: _____

Today's Number(s): _____

Animal Messenger: _____

Nature Messenger: _____

Universal Messenger: _____

The Message(s) I received: _____

_____
_____
_____
_____
_____
_____
_____
_____
_____
_____
_____
_____
_____
_____

My Experience, Thoughts & Feelings: _____

_____
_____
_____
_____
_____
_____
_____
_____
_____
_____
_____
_____
_____
_____
_____
_____

Date: _____

Today's Number(s): _____

Animal Messenger: _____

Nature Messenger: _____

Universal Messenger: _____

The Message(s) I received: _____
_____
_____
_____
_____
_____
_____
_____
_____
_____
_____
_____
_____

My Experience, Thoughts & Feelings: _____
_____
_____
_____
_____
_____
_____
_____
_____
_____
_____
_____
_____
_____
_____
_____

Date: _____

Today's Number(s): _____

Animal Messenger: _____

Nature Messenger: _____

Universal Messenger: _____

The Message(s) I received: _____
_____
_____
_____
_____
_____
_____
_____
_____
_____
_____
_____
_____
_____

My Experience, Thoughts & Feelings: _____
_____
_____
_____
_____
_____
_____
_____
_____
_____
_____
_____
_____
_____
_____

Date: _____

Today's Number(s): _____

Animal Messenger: _____

Nature Messenger: _____

Universal Messenger: _____

The Message(s) I received: _____

_____
_____
_____
_____
_____
_____
_____
_____
_____
_____
_____
_____

My Experience, Thoughts & Feelings: _____

_____
_____
_____
_____
_____
_____
_____
_____
_____
_____
_____
_____
_____

Date: _____

Today's Number(s): _____

Animal Messenger: _____

Nature Messenger: _____

Universal Messenger: _____

The Message(s) I received: _____

_____
_____
_____
_____
_____
_____
_____
_____
_____
_____
_____
_____
_____

My Experience, Thoughts & Feelings: _____

_____
_____
_____
_____
_____
_____
_____
_____
_____
_____
_____
_____
_____
_____

Date: _____

Today's Number(s): _____

Animal Messenger: _____

Nature Messenger: _____

Universal Messenger: _____

The Message(s) I received: _____

_____
_____
_____
_____
_____
_____
_____
_____
_____
_____
_____
_____

My Experience, Thoughts & Feelings: _____

_____
_____
_____
_____
_____
_____
_____
_____
_____
_____
_____
_____
_____
_____

Date: _____

Today's Number(s): _____

Animal Messenger: _____

Nature Messenger: _____

Universal Messenger: _____

The Message(s) I received: _____
_____
_____
_____
_____
_____
_____
_____
_____
_____
_____
_____

My Experience, Thoughts & Feelings: _____
_____
_____
_____
_____
_____
_____
_____
_____
_____
_____
_____
_____
_____
_____

Date: _____

Today's Number(s): _____

Animal Messenger: _____

Nature Messenger: _____

Universal Messenger: _____

The Message(s) I received: _____
_____
_____
_____
_____
_____
_____
_____
_____
_____
_____
_____
_____

My Experience, Thoughts & Feelings: _____
_____
_____
_____
_____
_____
_____
_____
_____
_____
_____
_____
_____
_____
_____

Date: _____

Today's Number(s): _____

Animal Messenger: _____

Nature Messenger: _____

Universal Messenger: _____

The Message(s) I received: _____

_____
_____
_____
_____
_____
_____
_____
_____
_____
_____
_____
_____

My Experience, Thoughts & Feelings: _____

_____
_____
_____
_____
_____
_____
_____
_____
_____
_____
_____
_____
_____
_____

Date: _____

Today's Number(s): _____

Animal Messenger: _____

Nature Messenger: _____

Universal Messenger: _____

The Message(s) I received: _____

_____
_____
_____
_____
_____
_____
_____
_____
_____
_____
_____
_____
_____

My Experience, Thoughts & Feelings: _____

_____
_____
_____
_____
_____
_____
_____
_____
_____
_____
_____
_____
_____
_____
_____

Date: _____

Today's Number(s): _____

Animal Messenger: _____

Nature Messenger: _____

Universal Messenger: _____

The Message(s) I received: _____

_____

_____

_____

_____

_____

_____

_____

_____

_____

_____

_____

_____

_____

My Experience, Thoughts & Feelings: _____

_____

_____

_____

_____

_____

_____

_____

_____

_____

_____

_____

_____

_____

_____

Date: _____

Today's Number(s): _____

Animal Messenger: _____

Nature Messenger: _____

Universal Messenger: _____

The Message(s) I received: _____

_____
_____
_____
_____
_____
_____
_____
_____
_____
_____
_____
_____

My Experience, Thoughts & Feelings: _____

_____
_____
_____
_____
_____
_____
_____
_____
_____
_____
_____
_____
_____
_____

Date: _____

Today's Number(s): _____

Animal Messenger: _____

Nature Messenger: _____

Universal Messenger: _____

The Message(s) I received: _____
_____
_____
_____
_____
_____
_____
_____
_____
_____
_____
_____
_____

My Experience, Thoughts & Feelings: _____
_____
_____
_____
_____
_____
_____
_____
_____
_____
_____
_____
_____
_____
_____
_____
_____

Date: _____

Today's Number(s): _____

Animal Messenger: _____

Nature Messenger: _____

Universal Messenger: _____

The Message(s) I received: _____

_____

_____

_____

_____

_____

_____

_____

_____

_____

_____

_____

_____

My Experience, Thoughts & Feelings: _____

_____

_____

_____

_____

_____

_____

_____

_____

_____

_____

_____

_____

_____

_____

Date: _____

Today's Number(s): _____

Animal Messenger: _____

Nature Messenger: _____

Universal Messenger: _____

The Message(s) I received: _____
_____
_____
_____
_____
_____
_____
_____
_____
_____
_____
_____
_____
_____

My Experience, Thoughts & Feelings: _____
_____
_____
_____
_____
_____
_____
_____
_____
_____
_____
_____
_____
_____
_____

Date: _____

Today's Number(s): _____

Animal Messenger: _____

Nature Messenger: _____

Universal Messenger: _____

The Message(s) I received: _____
_____
_____
_____
_____
_____
_____
_____
_____
_____
_____
_____
_____

My Experience, Thoughts & Feelings: _____
_____
_____
_____
_____
_____
_____
_____
_____
_____
_____
_____
_____
_____
_____

Date: _____

Today's Number(s): _____

Animal Messenger: _____

Nature Messenger: _____

Universal Messenger: _____

The Message(s) I received: _____

_____

_____

_____

_____

_____

_____

_____

_____

_____

_____

_____

_____

My Experience, Thoughts & Feelings: _____

_____

_____

_____

_____

_____

_____

_____

_____

_____

_____

_____

_____

_____

Date: _____

Today's Number(s): _____

Animal Messenger: _____

Nature Messenger: _____

Universal Messenger: _____

The Message(s) I received: _____

_____
_____
_____
_____
_____
_____
_____
_____
_____
_____
_____
_____

My Experience, Thoughts & Feelings: _____

_____
_____
_____
_____
_____
_____
_____
_____
_____
_____
_____
_____
_____
_____

Date: _____

Today's Number(s): _____

Animal Messenger: _____

Nature Messenger: _____

Universal Messenger: _____

The Message(s) I received: _____
_____
_____
_____
_____
_____
_____
_____
_____
_____
_____
_____
_____
_____

My Experience, Thoughts & Feelings: _____
_____
_____
_____
_____
_____
_____
_____
_____
_____
_____
_____
_____
_____
_____
_____
_____

Date: _____

Today's Number(s): _____

Animal Messenger: _____

Nature Messenger: _____

Universal Messenger: _____

The Message(s) I received: _____
_____
_____
_____
_____
_____
_____
_____
_____
_____
_____
_____
_____

My Experience, Thoughts & Feelings: _____
_____
_____
_____
_____
_____
_____
_____
_____
_____
_____
_____
_____
_____
_____

Date: _____

Today's Number(s): _____

Animal Messenger: _____

Nature Messenger: _____

Universal Messenger: _____

The Message(s) I received: _____
_____
_____
_____
_____
_____
_____
_____
_____
_____
_____
_____
_____
_____

My Experience, Thoughts & Feelings: _____
_____
_____
_____
_____
_____
_____
_____
_____
_____
_____
_____
_____
_____
_____
_____

Date: _____

Today's Number(s): _____

Animal Messenger: _____

Nature Messenger: _____

Universal Messenger: _____

The Message(s) I received: _____

_____
_____
_____
_____
_____
_____
_____
_____
_____
_____
_____
_____
_____

My Experience, Thoughts & Feelings: _____

_____
_____
_____
_____
_____
_____
_____
_____
_____
_____
_____
_____
_____
_____
_____

Date: _____

Today's Number(s): _____

Animal Messenger: _____

Nature Messenger: _____

Universal Messenger: _____

The Message(s) I received: _____
_____
_____
_____
_____
_____
_____
_____
_____
_____
_____
_____
_____
_____

My Experience, Thoughts & Feelings: _____
_____
_____
_____
_____
_____
_____
_____
_____
_____
_____
_____
_____
_____
_____

Date: _____

Today's Number(s): _____

Animal Messenger: _____

Nature Messenger: _____

Universal Messenger: _____

The Message(s) I received: _____

_____

_____

_____

_____

_____

_____

_____

_____

_____

_____

_____

_____

My Experience, Thoughts & Feelings: _____

_____

_____

_____

_____

_____

_____

_____

_____

_____

_____

_____

_____

_____

Date: _____

Today's Number(s): _____

Animal Messenger: _____

Nature Messenger: _____

Universal Messenger: _____

The Message(s) I received: _____

_____

_____

_____

_____

_____

_____

_____

_____

_____

_____

_____

_____

My Experience, Thoughts & Feelings: _____

_____

_____

_____

_____

_____

_____

_____

_____

_____

_____

_____

_____

_____

Date: _____

Today's Number(s): _____

Animal Messenger: _____

Nature Messenger: _____

Universal Messenger: _____

The Message(s) I received: _____

_____

_____

_____

_____

_____

_____

_____

_____

_____

_____

_____

My Experience, Thoughts & Feelings: _____

_____

_____

_____

_____

_____

_____

_____

_____

_____

_____

_____

_____

_____

_____

Date: _____

Today's Number(s): _____

Animal Messenger: _____

Nature Messenger: _____

Universal Messenger: _____

The Message(s) I received: _____

_____

_____

_____

_____

_____

_____

_____

_____

_____

_____

_____

_____

_____

My Experience, Thoughts & Feelings: _____

_____

_____

_____

_____

_____

_____

_____

_____

_____

_____

_____

_____

_____

_____

_____

Date: _____

Today's Number(s): _____

Animal Messenger: _____

Nature Messenger: _____

Universal Messenger: _____

The Message(s) I received: _____

_____

_____

_____

_____

_____

_____

_____

_____

_____

_____

_____

_____

My Experience, Thoughts & Feelings: _____

_____

_____

_____

_____

_____

_____

_____

_____

_____

_____

_____

_____

_____

Date: _____

Today's Number(s): _____

Animal Messenger: _____

Nature Messenger: _____

Universal Messenger: _____

The Message(s) I received: _____

_____
_____
_____
_____
_____
_____
_____
_____
_____
_____
_____
_____
_____

My Experience, Thoughts & Feelings: _____

_____
_____
_____
_____
_____
_____
_____
_____
_____
_____
_____
_____
_____
_____
_____

Date: _____

Today's Number(s): _____

Animal Messenger: _____

Nature Messenger: _____

Universal Messenger: _____

The Message(s) I received: _____

_____
_____
_____
_____
_____
_____
_____
_____
_____
_____
_____
_____

My Experience, Thoughts & Feelings: _____

_____
_____
_____
_____
_____
_____
_____
_____
_____
_____
_____
_____
_____
_____

Date: _____

Today's Number(s): _____

Animal Messenger: _____

Nature Messenger: _____

Universal Messenger: _____

The Message(s) I received: _____

_____

_____

_____

_____

_____

_____

_____

_____

_____

_____

_____

_____

My Experience, Thoughts & Feelings: _____

_____

_____

_____

_____

_____

_____

_____

_____

_____

_____

_____

_____

_____

Date: _____

Today's Number(s): _____

Animal Messenger: _____

Nature Messenger: _____

Universal Messenger: _____

The Message(s) I received: _____

_____
_____
_____
_____
_____
_____
_____
_____
_____
_____
_____
_____
_____

My Experience, Thoughts & Feelings: _____

_____
_____
_____
_____
_____
_____
_____
_____
_____
_____
_____
_____
_____
_____

Date: _____

Today's Number(s): _____

Animal Messenger: _____

Nature Messenger: _____

Universal Messenger: _____

The Message(s) I received: _____
_____
_____
_____
_____
_____
_____
_____
_____
_____
_____
_____
_____
_____

My Experience, Thoughts & Feelings: _____
_____
_____
_____
_____
_____
_____
_____
_____
_____
_____
_____
_____
_____
_____

Date: _____

Today's Number(s): _____

Animal Messenger: _____

Nature Messenger: _____

Universal Messenger: _____

The Message(s) I received: _____

_____

_____

_____

_____

_____

_____

_____

_____

_____

_____

_____

My Experience, Thoughts & Feelings: _____

_____

_____

_____

_____

_____

_____

_____

_____

_____

_____

_____

_____

_____

Date: _____

Today's Number(s): _____

Animal Messenger: _____

Nature Messenger: _____

Universal Messenger: _____

The Message(s) I received: _____
_____
_____
_____
_____
_____
_____
_____
_____
_____
_____
_____
_____
_____
_____

My Experience, Thoughts & Feelings: _____
_____
_____
_____
_____
_____
_____
_____
_____
_____
_____
_____
_____
_____
_____
_____
_____

Date: _____

Today's Number(s): _____

Animal Messenger: _____

Nature Messenger: _____

Universal Messenger: _____

The Message(s) I received: _____

_____
_____
_____
_____
_____
_____
_____
_____
_____
_____
_____
_____

My Experience, Thoughts & Feelings: _____

_____
_____
_____
_____
_____
_____
_____
_____
_____
_____
_____
_____
_____

Date: _____

Today's Number(s): _____

Animal Messenger: _____

Nature Messenger: _____

Universal Messenger: _____

The Message(s) I received: _____
_____
_____
_____
_____
_____
_____
_____
_____
_____
_____
_____
_____
_____

My Experience, Thoughts & Feelings: _____
_____
_____
_____
_____
_____
_____
_____
_____
_____
_____
_____
_____
_____
_____
_____
_____
_____

Date: _____

Today's Number(s): _____

Animal Messenger: _____

Nature Messenger: _____

Universal Messenger: _____

The Message(s) I received: _____

_____

_____

_____

_____

_____

_____

_____

_____

_____

_____

_____

_____

My Experience, Thoughts & Feelings: _____

_____

_____

_____

_____

_____

_____

_____

_____

_____

_____

_____

_____

_____

Date: _____

Today's Number(s): _____

Animal Messenger: _____

Nature Messenger: _____

Universal Messenger: _____

The Message(s) I received: _____
_____
_____
_____
_____
_____
_____
_____
_____
_____
_____
_____
_____

My Experience, Thoughts & Feelings: _____
_____
_____
_____
_____
_____
_____
_____
_____
_____
_____
_____
_____
_____
_____

Date: _____

Today's Number(s): _____

Animal Messenger: _____

Nature Messenger: _____

Universal Messenger: _____

The Message(s) I received: _____

_____
_____
_____
_____
_____
_____
_____
_____
_____
_____
_____
_____
_____

My Experience, Thoughts & Feelings: _____

_____
_____
_____
_____
_____
_____
_____
_____
_____
_____
_____
_____
_____
_____
_____

Date: _____

Today's Number(s): _____

Animal Messenger: _____

Nature Messenger: _____

Universal Messenger: _____

The Message(s) I received: _____
_____
_____
_____
_____
_____
_____
_____
_____
_____
_____
_____
_____
_____

My Experience, Thoughts & Feelings: _____
_____
_____
_____
_____
_____
_____
_____
_____
_____
_____
_____
_____
_____
_____

Date: _____

Today's Number(s): _____

Animal Messenger: _____

Nature Messenger: _____

Universal Messenger: _____

The Message(s) I received: _____

_____
_____
_____
_____
_____
_____
_____
_____
_____
_____
_____
_____

My Experience, Thoughts & Feelings: _____

_____
_____
_____
_____
_____
_____
_____
_____
_____
_____
_____
_____
_____

Date: _____

Today's Number(s): _____

Animal Messenger: _____

Nature Messenger: _____

Universal Messenger: _____

The Message(s) I received: _____
_____
_____
_____
_____
_____
_____
_____
_____
_____
_____
_____
_____

My Experience, Thoughts & Feelings: _____
_____
_____
_____
_____
_____
_____
_____
_____
_____
_____
_____
_____
_____
_____

Date: _____

Today's Number(s): _____

Animal Messenger: _____

Nature Messenger: _____

Universal Messenger: _____

The Message(s) I received: _____
_____
_____
_____
_____
_____
_____
_____
_____
_____
_____
_____
_____

My Experience, Thoughts & Feelings: _____
_____
_____
_____
_____
_____
_____
_____
_____
_____
_____
_____
_____
_____

Date: _____

Today's Number(s): _____

Animal Messenger: _____

Nature Messenger: _____

Universal Messenger: _____

The Message(s) I received: _____

_____

_____

_____

_____

_____

_____

_____

_____

_____

_____

_____

_____

_____

_____

My Experience, Thoughts & Feelings: _____

_____

_____

_____

_____

_____

_____

_____

_____

_____

_____

_____

_____

_____

Date: _____

Today's Number(s): _____

Animal Messenger: _____

Nature Messenger: _____

Universal Messenger: _____

The Message(s) I received: _____
_____
_____
_____
_____
_____
_____
_____
_____
_____
_____
_____
_____
_____

My Experience, Thoughts & Feelings: _____
_____
_____
_____
_____
_____
_____
_____
_____
_____
_____
_____
_____
_____
_____
_____
_____

Date: _____

Today's Number(s): _____

Animal Messenger: _____

Nature Messenger: _____

Universal Messenger: _____

The Message(s) I received: _____
_____
_____
_____
_____
_____
_____
_____
_____
_____
_____
_____
_____

My Experience, Thoughts & Feelings: _____
_____
_____
_____
_____
_____
_____
_____
_____
_____
_____
_____
_____
_____
_____

Date: _____

Today's Number(s): _____

Animal Messenger: _____

Nature Messenger: _____

Universal Messenger: _____

The Message(s) I received: _____

_____
_____
_____
_____
_____
_____
_____
_____
_____
_____
_____
_____
_____

My Experience, Thoughts & Feelings: _____

_____
_____
_____
_____
_____
_____
_____
_____
_____
_____
_____
_____
_____
_____
_____

Date: _____

Today's Number(s): _____

Animal Messenger: _____

Nature Messenger: _____

Universal Messenger: _____

The Message(s) I received: _____
_____
_____
_____
_____
_____
_____
_____
_____
_____
_____
_____
_____

My Experience, Thoughts & Feelings: _____
_____
_____
_____
_____
_____
_____
_____
_____
_____
_____
_____
_____
_____
_____
_____

Date: _____

Today's Number(s): _____

Animal Messenger: _____

Nature Messenger: _____

Universal Messenger: _____

The Message(s) I received: _____

_____

_____

_____

_____

_____

_____

_____

_____

_____

_____

_____

_____

My Experience, Thoughts & Feelings: _____

_____

_____

_____

_____

_____

_____

_____

_____

_____

_____

_____

_____

_____

_____

Date: _____

Today's Number(s): _____

Animal Messenger: _____

Nature Messenger: _____

Universal Messenger: _____

The Message(s) I received: _____
_____
_____
_____
_____
_____
_____
_____
_____
_____
_____
_____
_____
_____
_____

My Experience, Thoughts & Feelings: _____
_____
_____
_____
_____
_____
_____
_____
_____
_____
_____
_____
_____
_____
_____
_____

Date: _____

Today's Number(s): _____

Animal Messenger: _____

Nature Messenger: _____

Universal Messenger: _____

The Message(s) I received: _____

_____
_____
_____
_____
_____
_____
_____
_____
_____
_____
_____
_____

My Experience, Thoughts & Feelings: _____

_____
_____
_____
_____
_____
_____
_____
_____
_____
_____
_____
_____
_____

Date: _____

Today's Number(s): _____

Animal Messenger: _____

Nature Messenger: _____

Universal Messenger: _____

The Message(s) I received: _____
_____
_____
_____
_____
_____
_____
_____
_____
_____
_____
_____
_____
_____

My Experience, Thoughts & Feelings: _____
_____
_____
_____
_____
_____
_____
_____
_____
_____
_____
_____
_____
_____
_____
_____

Date: _____

Today's Number(s): _____

Animal Messenger: _____

Nature Messenger: _____

Universal Messenger: _____

The Message(s) I received: _____

_____
_____
_____
_____
_____
_____
_____
_____
_____
_____
_____
_____

My Experience, Thoughts & Feelings: _____

_____
_____
_____
_____
_____
_____
_____
_____
_____
_____
_____
_____
_____
_____

Date: _____

Today's Number(s): _____

Animal Messenger: _____

Nature Messenger: _____

Universal Messenger: _____

The Message(s) I received: _____
_____
_____
_____
_____
_____
_____
_____
_____
_____
_____
_____
_____

My Experience, Thoughts & Feelings: _____
_____
_____
_____
_____
_____
_____
_____
_____
_____
_____
_____
_____
_____
_____
_____
_____

Date: _____

Today's Number(s): _____

Animal Messenger: _____

Nature Messenger: _____

Universal Messenger: _____

The Message(s) I received: _____

_____
_____
_____
_____
_____
_____
_____
_____
_____
_____
_____
_____

My Experience, Thoughts & Feelings: _____

_____
_____
_____
_____
_____
_____
_____
_____
_____
_____
_____
_____
_____
_____

Date: _____

Today's Number(s): _____

Animal Messenger: _____

Nature Messenger: _____

Universal Messenger: _____

The Message(s) I received: _____

_____

_____

_____

_____

_____

_____

_____

_____

_____

_____

_____

_____

_____

My Experience, Thoughts & Feelings: _____

_____

_____

_____

_____

_____

_____

_____

_____

_____

_____

_____

_____

_____

_____

_____

Date: _____

Today's Number(s): _____

Animal Messenger: _____

Nature Messenger: _____

Universal Messenger: _____

The Message(s) I received: _____

_____
_____
_____
_____
_____
_____
_____
_____
_____
_____
_____
_____

My Experience, Thoughts & Feelings: _____

_____
_____
_____
_____
_____
_____
_____
_____
_____
_____
_____
_____
_____

Date: _____

Today's Number(s): _____

Animal Messenger: _____

Nature Messenger: _____

Universal Messenger: _____

The Message(s) I received: _____
_____
_____
_____
_____
_____
_____
_____
_____
_____
_____
_____
_____
_____

My Experience, Thoughts & Feelings: _____
_____
_____
_____
_____
_____
_____
_____
_____
_____
_____
_____
_____
_____
_____

Date: _____

Today's Number(s): _____

Animal Messenger: _____

Nature Messenger: _____

Universal Messenger: _____

The Message(s) I received: _____

_____
_____
_____
_____
_____
_____
_____
_____
_____
_____
_____
_____
_____

My Experience, Thoughts & Feelings: _____

_____
_____
_____
_____
_____
_____
_____
_____
_____
_____
_____
_____
_____
_____
_____

Date: _____

Today's Number(s): _____

Animal Messenger: _____

Nature Messenger: _____

Universal Messenger: _____

The Message(s) I received: _____

_____
_____
_____
_____
_____
_____
_____
_____
_____
_____
_____
_____

My Experience, Thoughts & Feelings: _____

_____
_____
_____
_____
_____
_____
_____
_____
_____
_____
_____
_____
_____
_____

Date: _____

Today's Number(s): _____

Animal Messenger: _____

Nature Messenger: _____

Universal Messenger: _____

The Message(s) I received: _____
_____
_____
_____
_____
_____
_____
_____
_____
_____
_____
_____
_____
_____

My Experience, Thoughts & Feelings: _____
_____
_____
_____
_____
_____
_____
_____
_____
_____
_____
_____
_____
_____
_____
_____

Date: _____

Today's Number(s): _____

Animal Messenger: _____

Nature Messenger: _____

Universal Messenger: _____

The Message(s) I received: _____

_____

_____

_____

_____

_____

_____

_____

_____

_____

_____

_____

_____

My Experience, Thoughts & Feelings: _____

_____

_____

_____

_____

_____

_____

_____

_____

_____

_____

_____

_____

_____

_____

Date: _____

Today's Number(s): _____

Animal Messenger: _____

Nature Messenger: _____

Universal Messenger: _____

The Message(s) I received: _____
_____
_____
_____
_____
_____
_____
_____
_____
_____
_____
_____

My Experience, Thoughts & Feelings: _____
_____
_____
_____
_____
_____
_____
_____
_____
_____
_____
_____
_____
_____
_____
_____

Date: _____

Today's Number(s): _____

Animal Messenger: _____

Nature Messenger: _____

Universal Messenger: _____

The Message(s) I received: _____

_____
_____
_____
_____
_____
_____
_____
_____
_____
_____
_____
_____

My Experience, Thoughts & Feelings: _____

_____
_____
_____
_____
_____
_____
_____
_____
_____
_____
_____
_____
_____
_____

Date: _____

Today's Number(s): _____

Animal Messenger: _____

Nature Messenger: _____

Universal Messenger: _____

The Message(s) I received: _____

_____

_____

_____

_____

_____

_____

_____

_____

_____

_____

_____

My Experience, Thoughts & Feelings: _____

_____

_____

_____

_____

_____

_____

_____

_____

_____

_____

_____

_____

Date: _____

Today's Number(s): _____

Animal Messenger: _____

Nature Messenger: _____

Universal Messenger: _____

The Message(s) I received: _____

_____

_____

_____

_____

_____

_____

_____

_____

_____

_____

_____

_____

My Experience, Thoughts & Feelings: _____

_____

_____

_____

_____

_____

_____

_____

_____

_____

_____

_____

_____

_____

_____

Date: _____

Today's Number(s): _____

Animal Messenger: _____

Nature Messenger: _____

Universal Messenger: _____

The Message(s) I received: _____

_____

_____

_____

_____

_____

_____

_____

_____

_____

_____

_____

_____

My Experience, Thoughts & Feelings: _____

_____

_____

_____

_____

_____

_____

_____

_____

_____

_____

_____

_____

_____

_____

Date: _____

Today's Number(s): _____

Animal Messenger: _____

Nature Messenger: _____

Universal Messenger: _____

The Message(s) I received: _____

_____

_____

_____

_____

_____

_____

_____

_____

_____

_____

_____

_____

_____

My Experience, Thoughts & Feelings: _____

_____

_____

_____

_____

_____

_____

_____

_____

_____

_____

_____

_____

_____

_____

_____

Date: _____

Today's Number(s): _____

Animal Messenger: _____

Nature Messenger: _____

Universal Messenger: _____

The Message(s) I received: _____
_____
_____
_____
_____
_____
_____
_____
_____
_____
_____
_____
_____

My Experience, Thoughts & Feelings: _____
_____
_____
_____
_____
_____
_____
_____
_____
_____
_____
_____
_____
_____
_____
_____

Date: _____

Today's Number(s): _____

Animal Messenger: _____

Nature Messenger: _____

Universal Messenger: _____

The Message(s) I received: _____
_____
_____
_____
_____
_____
_____
_____
_____
_____
_____
_____
_____
_____

My Experience, Thoughts & Feelings: _____
_____
_____
_____
_____
_____
_____
_____
_____
_____
_____
_____
_____
_____
_____
_____

Date: _____

Today's Number(s): _____

Animal Messenger: _____

Nature Messenger: _____

Universal Messenger: _____

The Message(s) I received: _____

_____
_____
_____
_____
_____
_____
_____
_____
_____
_____
_____
_____

My Experience, Thoughts & Feelings: _____

_____
_____
_____
_____
_____
_____
_____
_____
_____
_____
_____
_____
_____
_____

Date: _____

Today's Number(s): _____

Animal Messenger: _____

Nature Messenger: _____

Universal Messenger: _____

The Message(s) I received: _____

_____
_____
_____
_____
_____
_____
_____
_____
_____
_____
_____
_____
_____

My Experience, Thoughts & Feelings: _____

_____
_____
_____
_____
_____
_____
_____
_____
_____
_____
_____
_____
_____
_____
_____
_____

Date: _____

Today's Number(s): _____

Animal Messenger: _____

Nature Messenger: _____

Universal Messenger: _____

The Message(s) I received: _____

_____

_____

_____

_____

_____

_____

_____

_____

_____

_____

_____

_____

My Experience, Thoughts & Feelings: _____

_____

_____

_____

_____

_____

_____

_____

_____

_____

_____

_____

_____

_____

Date: _____

Today's Number(s): _____

Animal Messenger: _____

Nature Messenger: _____

Universal Messenger: _____

The Message(s) I received: _____

_____

_____

_____

_____

_____

_____

_____

_____

_____

_____

_____

_____

_____

My Experience, Thoughts & Feelings: _____

_____

_____

_____

_____

_____

_____

_____

_____

_____

_____

_____

_____

_____

_____

Date: _____

Today's Number(s): _____

Animal Messenger: _____

Nature Messenger: _____

Universal Messenger: _____

The Message(s) I received: _____

_____

_____

_____

_____

_____

_____

_____

_____

_____

_____

_____

_____

My Experience, Thoughts & Feelings: _____

_____

_____

_____

_____

_____

_____

_____

_____

_____

_____

_____

_____

_____

Date: _____

Today's Number(s): _____

Animal Messenger: _____

Nature Messenger: _____

Universal Messenger: _____

The Message(s) I received: _____

_____

_____

_____

_____

_____

_____

_____

_____

_____

_____

_____

_____

My Experience, Thoughts & Feelings: _____

_____

_____

_____

_____

_____

_____

_____

_____

_____

_____

_____

_____

_____

Date: _____

Today's Number(s): _____

Animal Messenger: _____

Nature Messenger: _____

Universal Messenger: _____

The Message(s) I received: _____

_____
_____
_____
_____
_____
_____
_____
_____
_____
_____
_____
_____
_____

My Experience, Thoughts & Feelings: _____

_____
_____
_____
_____
_____
_____
_____
_____
_____
_____
_____
_____
_____
_____
_____

Date: _____

Today's Number(s): _____

Animal Messenger: _____

Nature Messenger: _____

Universal Messenger: _____

The Message(s) I received: _____
_____
_____
_____
_____
_____
_____
_____
_____
_____
_____
_____
_____

My Experience, Thoughts & Feelings: _____
_____
_____
_____
_____
_____
_____
_____
_____
_____
_____
_____
_____
_____
_____
_____
_____

Date: _____

Today's Number(s): _____

Animal Messenger: _____

Nature Messenger: _____

Universal Messenger: _____

The Message(s) I received: _____

_____

_____

_____

_____

_____

_____

_____

_____

_____

_____

_____

_____

My Experience, Thoughts & Feelings: _____

_____

_____

_____

_____

_____

_____

_____

_____

_____

_____

_____

_____

_____

_____

Date: _____

Today's Number(s): _____

Animal Messenger: _____

Nature Messenger: _____

Universal Messenger: _____

The Message(s) I received: _____
_____
_____
_____
_____
_____
_____
_____
_____
_____
_____
_____
_____
_____

My Experience, Thoughts & Feelings: _____
_____
_____
_____
_____
_____
_____
_____
_____
_____
_____
_____
_____
_____
_____

Date: _____

Today's Number(s): _____

Animal Messenger: _____

Nature Messenger: _____

Universal Messenger: _____

The Message(s) I received: _____
_____
_____
_____
_____
_____
_____
_____
_____
_____
_____
_____
_____

My Experience, Thoughts & Feelings: _____
_____
_____
_____
_____
_____
_____
_____
_____
_____
_____
_____
_____
_____
_____

Date: _____

Today's Number(s): _____

Animal Messenger: _____

Nature Messenger: _____

Universal Messenger: _____

The Message(s) I received: _____
_____
_____
_____
_____
_____
_____
_____
_____
_____
_____
_____
_____

My Experience, Thoughts & Feelings: _____
_____
_____
_____
_____
_____
_____
_____
_____
_____
_____
_____
_____
_____
_____

Date: _____

Today's Number(s): _____

Animal Messenger: _____

Nature Messenger: _____

Universal Messenger: _____

The Message(s) I received: _____

_____

_____

_____

_____

_____

_____

_____

_____

_____

_____

_____

_____

My Experience, Thoughts & Feelings: _____

_____

_____

_____

_____

_____

_____

_____

_____

_____

_____

_____

_____

_____

Date: _____

Today's Number(s): _____

Animal Messenger: _____

Nature Messenger: _____

Universal Messenger: _____

The Message(s) I received: _____
_____
_____
_____
_____
_____
_____
_____
_____
_____
_____
_____
_____

My Experience, Thoughts & Feelings: _____
_____
_____
_____
_____
_____
_____
_____
_____
_____
_____
_____
_____
_____
_____
_____

Date: _____

Today's Number(s): _____

Animal Messenger: _____

Nature Messenger: _____

Universal Messenger: _____

The Message(s) I received: _____
_____
_____
_____
_____
_____
_____
_____
_____
_____
_____
_____
_____

My Experience, Thoughts & Feelings: _____
_____
_____
_____
_____
_____
_____
_____
_____
_____
_____
_____
_____
_____
_____

Date: _____

Today's Number(s): _____

Animal Messenger: _____

Nature Messenger: _____

Universal Messenger: _____

The Message(s) I received: _____
_____
_____
_____
_____
_____
_____
_____
_____
_____
_____
_____
_____
_____

My Experience, Thoughts & Feelings: _____
_____
_____
_____
_____
_____
_____
_____
_____
_____
_____
_____
_____
_____

Date: _____

Today's Number(s): _____

Animal Messenger: _____

Nature Messenger: _____

Universal Messenger: _____

The Message(s) I received: _____

_____
_____
_____
_____
_____
_____
_____
_____
_____
_____
_____
_____
_____

My Experience, Thoughts & Feelings: _____

_____
_____
_____
_____
_____
_____
_____
_____
_____
_____
_____
_____
_____
_____

Date: _____

Today's Number(s): _____

Animal Messenger: _____

Nature Messenger: _____

Universal Messenger: _____

The Message(s) I received: _____

_____
_____
_____
_____
_____
_____
_____
_____
_____
_____
_____
_____
_____

My Experience, Thoughts & Feelings: _____

_____
_____
_____
_____
_____
_____
_____
_____
_____
_____
_____
_____
_____
_____

Date: _____

Today's Number(s): _____

Animal Messenger: _____

Nature Messenger: _____

Universal Messenger: _____

The Message(s) I received: _____

_____

_____

_____

_____

_____

_____

_____

_____

_____

_____

_____

_____

My Experience, Thoughts & Feelings: _____

_____

_____

_____

_____

_____

_____

_____

_____

_____

_____

_____

_____

_____

Date: _____

Today's Number(s): _____

Animal Messenger: _____

Nature Messenger: _____

Universal Messenger: _____

The Message(s) I received: _____
_____
_____
_____
_____
_____
_____
_____
_____
_____
_____
_____
_____
_____

My Experience, Thoughts & Feelings: _____
_____
_____
_____
_____
_____
_____
_____
_____
_____
_____
_____
_____
_____
_____
_____

Date: _____

Today's Number(s): _____

Animal Messenger: _____

Nature Messenger: _____

Universal Messenger: _____

The Message(s) I received: _____

_____

_____

_____

_____

_____

_____

_____

_____

_____

_____

_____

My Experience, Thoughts & Feelings: _____

_____

_____

_____

_____

_____

_____

_____

_____

_____

_____

_____

_____

Date: _____

Today's Number(s): _____

Animal Messenger: _____

Nature Messenger: _____

Universal Messenger: _____

The Message(s) I received: _____

_____
_____
_____
_____
_____
_____
_____
_____
_____
_____
_____
_____
_____

My Experience, Thoughts & Feelings: _____

_____
_____
_____
_____
_____
_____
_____
_____
_____
_____
_____
_____
_____
_____

Date: _____

Today's Number(s): _____

Animal Messenger: _____

Nature Messenger: _____

Universal Messenger: _____

The Message(s) I received: _____

_____

_____

_____

_____

_____

_____

_____

_____

_____

_____

_____

_____

My Experience, Thoughts & Feelings: _____

_____

_____

_____

_____

_____

_____

_____

_____

_____

_____

_____

_____

_____

_____

Date: _____

Today's Number(s): _____

Animal Messenger: _____

Nature Messenger: _____

Universal Messenger: _____

The Message(s) I received: _____
_____
_____
_____
_____
_____
_____
_____
_____
_____
_____
_____
_____
_____

My Experience, Thoughts & Feelings: _____
_____
_____
_____
_____
_____
_____
_____
_____
_____
_____
_____
_____
_____
_____
_____
_____

Date: _____

Today's Number(s): _____

Animal Messenger: _____

Nature Messenger: _____

Universal Messenger: _____

The Message(s) I received: _____

_____
_____
_____
_____
_____
_____
_____
_____
_____
_____
_____
_____

My Experience, Thoughts & Feelings: _____

_____
_____
_____
_____
_____
_____
_____
_____
_____
_____
_____
_____
_____
_____

Date: _____

Today's Number(s): _____

Animal Messenger: _____

Nature Messenger: _____

Universal Messenger: _____

The Message(s) I received: _____
_____
_____
_____
_____
_____
_____
_____
_____
_____
_____
_____
_____

My Experience, Thoughts & Feelings: _____
_____
_____
_____
_____
_____
_____
_____
_____
_____
_____
_____
_____
_____
_____
_____

Date: _____

Today's Number(s): _____

Animal Messenger: _____

Nature Messenger: _____

Universal Messenger: _____

The Message(s) I received: _____

_____

_____

_____

_____

_____

_____

_____

_____

_____

_____

_____

My Experience, Thoughts & Feelings: _____

_____

_____

_____

_____

_____

_____

_____

_____

_____

_____

_____

_____

Date: _____

Today's Number(s): _____

Animal Messenger: _____

Nature Messenger: _____

Universal Messenger: _____

The Message(s) I received: _____

_____

_____

_____

_____

_____

_____

_____

_____

_____

_____

_____

_____

_____

My Experience, Thoughts & Feelings: _____

_____

_____

_____

_____

_____

_____

_____

_____

_____

_____

_____

_____

_____

Date: _____

Today's Number(s): _____

Animal Messenger: _____

Nature Messenger: _____

Universal Messenger: _____

The Message(s) I received: _____

_____

_____

_____

_____

_____

_____

_____

_____

_____

_____

_____

_____

_____

My Experience, Thoughts & Feelings: _____

_____

_____

_____

_____

_____

_____

_____

_____

_____

_____

_____

_____

_____

_____

Date: _____

Today's Number(s): _____

Animal Messenger: _____

Nature Messenger: _____

Universal Messenger: _____

The Message(s) I received: _____

_____

_____

_____

_____

_____

_____

_____

_____

_____

_____

_____

_____

_____

_____

My Experience, Thoughts & Feelings: _____

_____

_____

_____

_____

_____

_____

_____

_____

_____

_____

_____

_____

_____

_____

Date: _____

Today's Number(s): _____

Animal Messenger: _____

Nature Messenger: _____

Universal Messenger: _____

The Message(s) I received: _____

_____
_____
_____
_____
_____
_____
_____
_____
_____
_____
_____
_____

My Experience, Thoughts & Feelings: _____

_____
_____
_____
_____
_____
_____
_____
_____
_____
_____
_____
_____
_____
_____

Date: _____

Today's Number(s): _____

Animal Messenger: _____

Nature Messenger: _____

Universal Messenger: _____

The Message(s) I received: _____
_____
_____
_____
_____
_____
_____
_____
_____
_____
_____
_____
_____

My Experience, Thoughts & Feelings: _____
_____
_____
_____
_____
_____
_____
_____
_____
_____
_____
_____
_____
_____
_____

Date: _____

Today's Number(s): _____

Animal Messenger: _____

Nature Messenger: _____

Universal Messenger: _____

The Message(s) I received: _____

_____
_____
_____
_____
_____
_____
_____
_____
_____
_____
_____
_____

My Experience, Thoughts & Feelings: _____

_____
_____
_____
_____
_____
_____
_____
_____
_____
_____
_____
_____
_____
_____

Date: _____

Today's Number(s): _____

Animal Messenger: _____

Nature Messenger: _____

Universal Messenger: _____

The Message(s) I received: _____
_____
_____
_____
_____
_____
_____
_____
_____
_____
_____
_____
_____
_____
_____

My Experience, Thoughts & Feelings: _____
_____
_____
_____
_____
_____
_____
_____
_____
_____
_____
_____
_____
_____
_____
_____

Date: _____

Today's Number(s): _____

Animal Messenger: _____

Nature Messenger: _____

Universal Messenger: _____

The Message(s) I received: _____

_____
_____
_____
_____
_____
_____
_____
_____
_____
_____
_____
_____
_____

My Experience, Thoughts & Feelings: _____

_____
_____
_____
_____
_____
_____
_____
_____
_____
_____
_____
_____
_____
_____

Date: _____

Today's Number(s): _____

Animal Messenger: _____

Nature Messenger: _____

Universal Messenger: _____

The Message(s) I received: _____

_____

_____

_____

_____

_____

_____

_____

_____

_____

_____

_____

_____

_____

My Experience, Thoughts & Feelings: _____

_____

_____

_____

_____

_____

_____

_____

_____

_____

_____

_____

_____

_____

_____

Date: _____

Today's Number(s): _____

Animal Messenger: _____

Nature Messenger: _____

Universal Messenger: _____

The Message(s) I received: _____

_____
_____
_____
_____
_____
_____
_____
_____
_____
_____
_____

My Experience, Thoughts & Feelings: _____

_____
_____
_____
_____
_____
_____
_____
_____
_____
_____
_____
_____

Date: _____

Today's Number(s): _____

Animal Messenger: _____

Nature Messenger: _____

Universal Messenger: _____

The Message(s) I received: _____
_____
_____
_____
_____
_____
_____
_____
_____
_____
_____
_____
_____
_____
_____
_____

My Experience, Thoughts & Feelings: _____
_____
_____
_____
_____
_____
_____
_____
_____
_____
_____
_____
_____
_____
_____
_____
_____
_____

Date: _____

Today's Number(s): _____

Animal Messenger: _____

Nature Messenger: _____

Universal Messenger: _____

The Message(s) I received: _____

_____

_____

_____

_____

_____

_____

_____

_____

_____

_____

_____

_____

My Experience, Thoughts & Feelings: _____

_____

_____

_____

_____

_____

_____

_____

_____

_____

_____

_____

_____

_____

Date: _____

Today's Number(s): _____

Animal Messenger: _____

Nature Messenger: _____

Universal Messenger: _____

The Message(s) I received: _____

_____
_____
_____
_____
_____
_____
_____
_____
_____
_____
_____
_____
_____

My Experience, Thoughts & Feelings: _____

_____
_____
_____
_____
_____
_____
_____
_____
_____
_____
_____
_____
_____
_____

Date: _____

Today's Number(s): _____

Animal Messenger: _____

Nature Messenger: _____

Universal Messenger: _____

The Message(s) I received: _____

_____

_____

_____

_____

_____

_____

_____

_____

_____

_____

_____

_____

_____

My Experience, Thoughts & Feelings: _____

_____

_____

_____

_____

_____

_____

_____

_____

_____

_____

_____

_____

_____

_____

_____

Date: _____

Today's Number(s): _____

Animal Messenger: _____

Nature Messenger: _____

Universal Messenger: _____

The Message(s) I received: _____

_____

_____

_____

_____

_____

_____

_____

_____

_____

_____

_____

_____

_____

My Experience, Thoughts & Feelings: _____

_____

_____

_____

_____

_____

_____

_____

_____

_____

_____

_____

_____

_____

Date: _____

Today's Number(s): _____

Animal Messenger: _____

Nature Messenger: _____

Universal Messenger: _____

The Message(s) I received: _____

_____

_____

_____

_____

_____

_____

_____

_____

_____

_____

_____

_____

My Experience, Thoughts & Feelings: _____

_____

_____

_____

_____

_____

_____

_____

_____

_____

_____

_____

_____

Date: _____

Today's Number(s): _____

Animal Messenger: _____

Nature Messenger: _____

Universal Messenger: _____

The Message(s) I received: _____
_____
_____
_____
_____
_____
_____
_____
_____
_____
_____
_____
_____

My Experience, Thoughts & Feelings: _____
_____
_____
_____
_____
_____
_____
_____
_____
_____
_____
_____
_____
_____
_____

Date: _____

Today's Number(s): _____

Animal Messenger: _____

Nature Messenger: _____

Universal Messenger: _____

The Message(s) I received: _____

_____
_____
_____
_____
_____
_____
_____
_____
_____
_____
_____
_____

My Experience, Thoughts & Feelings: _____

_____
_____
_____
_____
_____
_____
_____
_____
_____
_____
_____
_____
_____
_____

Date: _____

Today's Number(s): _____

Animal Messenger: _____

Nature Messenger: _____

Universal Messenger: _____

The Message(s) I received: _____
_____
_____
_____
_____
_____
_____
_____
_____
_____
_____
_____
_____
_____

My Experience, Thoughts & Feelings: _____
_____
_____
_____
_____
_____
_____
_____
_____
_____
_____
_____
_____
_____

Date: _____

Today's Number(s): _____

Animal Messenger: _____

Nature Messenger: _____

Universal Messenger: _____

The Message(s) I received: _____

_____

_____

_____

_____

_____

_____

_____

_____

_____

_____

_____

My Experience, Thoughts & Feelings: _____

_____

_____

_____

_____

_____

_____

_____

_____

_____

_____

_____

_____

_____

Date: _____

Today's Number(s): _____

Animal Messenger: _____

Nature Messenger: _____

Universal Messenger: _____

The Message(s) I received: _____

_____
_____
_____
_____
_____
_____
_____
_____
_____
_____
_____
_____
_____

My Experience, Thoughts & Feelings: _____

_____
_____
_____
_____
_____
_____
_____
_____
_____
_____
_____
_____
_____
_____
_____

Date: _____

Today's Number(s): _____

Animal Messenger: _____

Nature Messenger: _____

Universal Messenger: _____

The Message(s) I received: _____

_____
_____
_____
_____
_____
_____
_____
_____
_____
_____
_____
_____
_____

My Experience, Thoughts & Feelings: _____

_____
_____
_____
_____
_____
_____
_____
_____
_____
_____
_____
_____
_____
_____
_____

Date: _____

Today's Number(s): _____

Animal Messenger: _____

Nature Messenger: _____

Universal Messenger: _____

The Message(s) I received: _____

_____
_____
_____
_____
_____
_____
_____
_____
_____
_____
_____
_____
_____

My Experience, Thoughts & Feelings: _____

_____
_____
_____
_____
_____
_____
_____
_____
_____
_____
_____
_____
_____
_____
_____
_____

Date: _____

Today's Number(s): _____

Animal Messenger: _____

Nature Messenger: _____

Universal Messenger: _____

The Message(s) I received: _____

_____
_____
_____
_____
_____
_____
_____
_____
_____
_____
_____
_____

My Experience, Thoughts & Feelings: _____

_____
_____
_____
_____
_____
_____
_____
_____
_____
_____
_____
_____
_____
_____

Date: _____

Today's Number(s): _____

Animal Messenger: _____

Nature Messenger: _____

Universal Messenger: _____

The Message(s) I received: _____
_____
_____
_____
_____
_____
_____
_____
_____
_____
_____
_____
_____
_____

My Experience, Thoughts & Feelings: _____
_____
_____
_____
_____
_____
_____
_____
_____
_____
_____
_____
_____
_____

Date: _____

Today's Number(s): _____

Animal Messenger: _____

Nature Messenger: _____

Universal Messenger: _____

The Message(s) I received: _____

_____

_____

_____

_____

_____

_____

_____

_____

_____

_____

_____

_____

_____

My Experience, Thoughts & Feelings: _____

_____

_____

_____

_____

_____

_____

_____

_____

_____

_____

_____

_____

_____

_____

Date: _____

Today's Number(s): _____

Animal Messenger: _____

Nature Messenger: _____

Universal Messenger: _____

The Message(s) I received: _____

_____
_____
_____
_____
_____
_____
_____
_____
_____
_____
_____
_____
_____

My Experience, Thoughts & Feelings: _____

_____
_____
_____
_____
_____
_____
_____
_____
_____
_____
_____
_____
_____
_____

Date: _____

Today's Number(s): _____

Animal Messenger: _____

Nature Messenger: _____

Universal Messenger: _____

The Message(s) I received: _____

_____
_____
_____
_____
_____
_____
_____
_____
_____
_____
_____
_____

My Experience, Thoughts & Feelings: _____

_____
_____
_____
_____
_____
_____
_____
_____
_____
_____
_____
_____
_____

Date: _____

Today's Number(s): _____

Animal Messenger: _____

Nature Messenger: _____

Universal Messenger: _____

The Message(s) I received: _____

_____

_____

_____

_____

_____

_____

_____

_____

_____

_____

_____

_____

_____

My Experience, Thoughts & Feelings: _____

_____

_____

_____

_____

_____

_____

_____

_____

_____

_____

_____

_____

_____

Date: _____

Today's Number(s): _____

Animal Messenger: _____

Nature Messenger: _____

Universal Messenger: _____

The Message(s) I received: _____

_____
_____
_____
_____
_____
_____
_____
_____
_____
_____
_____
_____

My Experience, Thoughts & Feelings: _____

_____
_____
_____
_____
_____
_____
_____
_____
_____
_____
_____
_____
_____
_____

Date: _____

Today's Number(s): _____

Animal Messenger: _____

Nature Messenger: _____

Universal Messenger: _____

The Message(s) I received: _____
_____
_____
_____
_____
_____
_____
_____
_____
_____
_____
_____
_____

My Experience, Thoughts & Feelings: _____
_____
_____
_____
_____
_____
_____
_____
_____
_____
_____
_____
_____
_____
_____
_____

Date: _____

Today's Number(s): _____

Animal Messenger: _____

Nature Messenger: _____

Universal Messenger: _____

The Message(s) I received: _____

_____

_____

_____

_____

_____

_____

_____

_____

_____

_____

_____

_____

_____

My Experience, Thoughts & Feelings: _____

_____

_____

_____

_____

_____

_____

_____

_____

_____

_____

_____

_____

_____

_____

_____

Date: _____

Today's Number(s): _____

Animal Messenger: _____

Nature Messenger: _____

Universal Messenger: _____

The Message(s) I received: _____

_____

_____

_____

_____

_____

_____

_____

_____

_____

_____

_____

_____

My Experience, Thoughts & Feelings: _____

_____

_____

_____

_____

_____

_____

_____

_____

_____

_____

_____

_____

_____

Date: _____

Today's Number(s): _____

Animal Messenger: _____

Nature Messenger: _____

Universal Messenger: _____

The Message(s) I received: _____

_____
_____
_____
_____
_____
_____
_____
_____
_____
_____
_____
_____
_____

My Experience, Thoughts & Feelings: _____

_____
_____
_____
_____
_____
_____
_____
_____
_____
_____
_____
_____
_____
_____

Date: _____

Today's Number(s): _____

Animal Messenger: _____

Nature Messenger: _____

Universal Messenger: _____

The Message(s) I received: _____
_____
_____
_____
_____
_____
_____
_____
_____
_____
_____
_____
_____
_____

My Experience, Thoughts & Feelings: _____
_____
_____
_____
_____
_____
_____
_____
_____
_____
_____
_____
_____
_____
_____
_____

Date: _____

Today's Number(s): _____

Animal Messenger: _____

Nature Messenger: _____

Universal Messenger: _____

The Message(s) I received: _____

_____

_____

_____

_____

_____

_____

_____

_____

_____

_____

_____

My Experience, Thoughts & Feelings: _____

_____

_____

_____

_____

_____

_____

_____

_____

_____

_____

_____

_____

Date: _____

Today's Number(s): _____

Animal Messenger: _____

Nature Messenger: _____

Universal Messenger: _____

The Message(s) I received: _____
_____
_____
_____
_____
_____
_____
_____
_____
_____
_____
_____
_____
_____

My Experience, Thoughts & Feelings: _____
_____
_____
_____
_____
_____
_____
_____
_____
_____
_____
_____
_____
_____
_____

Date: _____

Today's Number(s): _____

Animal Messenger: _____

Nature Messenger: _____

Universal Messenger: _____

The Message(s) I received: _____

_____
_____
_____
_____
_____
_____
_____
_____
_____
_____
_____
_____

My Experience, Thoughts & Feelings: _____

_____
_____
_____
_____
_____
_____
_____
_____
_____
_____
_____
_____
_____
_____

Date: _____

Today's Number(s): _____

Animal Messenger: _____

Nature Messenger: _____

Universal Messenger: _____

The Message(s) I received: _____

_____
_____
_____
_____
_____
_____
_____
_____
_____
_____
_____
_____
_____
_____

My Experience, Thoughts & Feelings: _____

_____
_____
_____
_____
_____
_____
_____
_____
_____
_____
_____
_____
_____
_____
_____

Date: _____

Today's Number(s): _____

Animal Messenger: _____

Nature Messenger: _____

Universal Messenger: _____

The Message(s) I received: _____

_____
_____
_____
_____
_____
_____
_____
_____
_____
_____
_____
_____

My Experience, Thoughts & Feelings: _____

_____
_____
_____
_____
_____
_____
_____
_____
_____
_____
_____
_____
_____
_____
_____

Date: _____

Today's Number(s): _____

Animal Messenger: _____

Nature Messenger: _____

Universal Messenger: _____

The Message(s) I received: _____

_____

_____

_____

_____

_____

_____

_____

_____

_____

_____

_____

_____

_____

My Experience, Thoughts & Feelings: _____

_____

_____

_____

_____

_____

_____

_____

_____

_____

_____

_____

_____

_____

_____

Date: _____

Today's Number(s): _____

Animal Messenger: _____

Nature Messenger: _____

Universal Messenger: _____

The Message(s) I received: _____

_____
_____
_____
_____
_____
_____
_____
_____
_____
_____
_____
_____

My Experience, Thoughts & Feelings: _____

_____
_____
_____
_____
_____
_____
_____
_____
_____
_____
_____
_____
_____
_____

Date: _____

Today's Number(s): _____

Animal Messenger: _____

Nature Messenger: _____

Universal Messenger: _____

The Message(s) I received: _____

_____

_____

_____

_____

_____

_____

_____

_____

_____

_____

_____

_____

My Experience, Thoughts & Feelings: _____

_____

_____

_____

_____

_____

_____

_____

_____

_____

_____

_____

_____

_____

_____

Date: _____

Today's Number(s): _____

Animal Messenger: _____

Nature Messenger: _____

Universal Messenger: _____

The Message(s) I received: _____

_____
_____
_____
_____
_____
_____
_____
_____
_____
_____
_____
_____

My Experience, Thoughts & Feelings: _____

_____
_____
_____
_____
_____
_____
_____
_____
_____
_____
_____
_____
_____
_____

Date: _____

Today's Number(s): _____

Animal Messenger: _____

Nature Messenger: _____

Universal Messenger: _____

The Message(s) I received: _____

_____
_____
_____
_____
_____
_____
_____
_____
_____
_____
_____
_____

My Experience, Thoughts & Feelings: _____

_____
_____
_____
_____
_____
_____
_____
_____
_____
_____
_____
_____
_____
_____

Date: _____

Today's Number(s): _____

Animal Messenger: _____

Nature Messenger: _____

Universal Messenger: _____

The Message(s) I received: _____
_____
_____
_____
_____
_____
_____
_____
_____
_____
_____
_____
_____

My Experience, Thoughts & Feelings: _____
_____
_____
_____
_____
_____
_____
_____
_____
_____
_____
_____
_____
_____
_____

Date: _____

Today's Number(s): _____

Animal Messenger: _____

Nature Messenger: _____

Universal Messenger: _____

The Message(s) I received: _____
_____
_____
_____
_____
_____
_____
_____
_____
_____
_____
_____

My Experience, Thoughts & Feelings: _____
_____
_____
_____
_____
_____
_____
_____
_____
_____
_____
_____
_____

Date: _____

Today's Number(s): _____

Animal Messenger: _____

Nature Messenger: _____

Universal Messenger: _____

The Message(s) I received: _____

_____
_____
_____
_____
_____
_____
_____
_____
_____
_____
_____
_____

My Experience, Thoughts & Feelings: _____

_____
_____
_____
_____
_____
_____
_____
_____
_____
_____
_____
_____
_____

Date: _____

Today's Number(s): _____

Animal Messenger: _____

Nature Messenger: _____

Universal Messenger: _____

The Message(s) I received: _____

_____

_____

_____

_____

_____

_____

_____

_____

_____

_____

_____

_____

_____

_____

My Experience, Thoughts & Feelings: _____

_____

_____

_____

_____

_____

_____

_____

_____

_____

_____

_____

_____

_____

_____

_____

Date: _____

Today's Number(s): _____

Animal Messenger: _____

Nature Messenger: _____

Universal Messenger: _____

The Message(s) I received: _____

_____

_____

_____

_____

_____

_____

_____

_____

_____

_____

_____

_____

My Experience, Thoughts & Feelings: _____

_____

_____

_____

_____

_____

_____

_____

_____

_____

_____

_____

_____

Date: _____

Today's Number(s): _____

Animal Messenger: _____

Nature Messenger: _____

Universal Messenger: _____

The Message(s) I received: _____

_____

_____

_____

_____

_____

_____

_____

_____

_____

_____

_____

_____

_____

My Experience, Thoughts & Feelings: _____

_____

_____

_____

_____

_____

_____

_____

_____

_____

_____

_____

_____

_____

_____

Date: _____

Today's Number(s): _____

Animal Messenger: _____

Nature Messenger: _____

Universal Messenger: _____

The Message(s) I received: _____

_____
_____
_____
_____
_____
_____
_____
_____
_____
_____
_____
_____

My Experience, Thoughts & Feelings: _____

_____
_____
_____
_____
_____
_____
_____
_____
_____
_____
_____
_____
_____
_____
_____

Date: _____

Today's Number(s): _____

Animal Messenger: _____

Nature Messenger: _____

Universal Messenger: _____

The Message(s) I received: _____

_____

_____

_____

_____

_____

_____

_____

_____

_____

_____

_____

_____

_____

My Experience, Thoughts & Feelings: _____

_____

_____

_____

_____

_____

_____

_____

_____

_____

_____

_____

_____

_____

Date: _____

Today's Number(s): _____

Animal Messenger: _____

Nature Messenger: _____

Universal Messenger: _____

The Message(s) I received: _____
_____
_____
_____
_____
_____
_____
_____
_____
_____
_____
_____
_____

My Experience, Thoughts & Feelings: _____
_____
_____
_____
_____
_____
_____
_____
_____
_____
_____
_____
_____
_____

Date: _____

Today's Number(s): _____

Animal Messenger: _____

Nature Messenger: _____

Universal Messenger: _____

The Message(s) I received: _____

_____

_____

_____

_____

_____

_____

_____

_____

_____

_____

_____

_____

_____

My Experience, Thoughts & Feelings: _____

_____

_____

_____

_____

_____

_____

_____

_____

_____

_____

_____

_____

_____

_____

Date: _____

Today's Number(s): _____

Animal Messenger: _____

Nature Messenger: _____

Universal Messenger: _____

The Message(s) I received: _____

_____
_____
_____
_____
_____
_____
_____
_____
_____
_____
_____
_____
_____

My Experience, Thoughts & Feelings: _____

_____
_____
_____
_____
_____
_____
_____
_____
_____
_____
_____
_____
_____
_____
_____

Date: _____

Today's Number(s): _____

Animal Messenger: _____

Nature Messenger: _____

Universal Messenger: _____

The Message(s) I received: _____

_____

_____

_____

_____

_____

_____

_____

_____

_____

_____

_____

_____

My Experience, Thoughts & Feelings: _____

_____

_____

_____

_____

_____

_____

_____

_____

_____

_____

_____

_____

_____

Date: _____

Today's Number(s): _____

Animal Messenger: _____

Nature Messenger: _____

Universal Messenger: _____

The Message(s) I received: _____

_____

_____

_____

_____

_____

_____

_____

_____

_____

_____

_____

_____

My Experience, Thoughts & Feelings: _____

_____

_____

_____

_____

_____

_____

_____

_____

_____

_____

_____

_____

_____

Date: _____

Today's Number(s): _____

Animal Messenger: _____

Nature Messenger: _____

Universal Messenger: _____

The Message(s) I received: _____

_____
_____
_____
_____
_____
_____
_____
_____
_____
_____
_____
_____
_____

My Experience, Thoughts & Feelings: _____

_____
_____
_____
_____
_____
_____
_____
_____
_____
_____
_____
_____
_____
_____
_____

Date: _____

Today's Number(s): _____

Animal Messenger: _____

Nature Messenger: _____

Universal Messenger: _____

The Message(s) I received: _____

_____
_____
_____
_____
_____
_____
_____
_____
_____
_____
_____
_____
_____

My Experience, Thoughts & Feelings: _____

_____
_____
_____
_____
_____
_____
_____
_____
_____
_____
_____
_____
_____
_____

Date: _____

Today's Number(s): _____

Animal Messenger: _____

Nature Messenger: _____

Universal Messenger: _____

The Message(s) I received: _____
_____
_____
_____
_____
_____
_____
_____
_____
_____
_____
_____
_____

My Experience, Thoughts & Feelings: _____
_____
_____
_____
_____
_____
_____
_____
_____
_____
_____
_____
_____
_____
_____

Congratulations! You've paid close attention for the past year and received many messages from repetitive numbers, animals, nature, and the Universe!

VISIT MELISSA ALVAREZ ONLINE AT
www.MelissaA.com
Email Melissa at media@melissaa.com

www.ingramcontent.com/pod-product-compliance
Lightning Source LLC
Chambersburg PA
CBHW070016100426
42740CB00013B/2521